Hans-Alfred Herchen

Das empörte Bratwürstchen

Für alle Kinder, die abends nicht einschlafen können

Hans-Alfred Herchen

Das empörte Bratwürstchen

31 Gutenachtgeschichten

Mit Bildern von Annika und Alina Fischer

2. Auflage 1991

Haag + Herchen

Die Deutsche Bibliothek – CIP-Einheitsaufnahme

Herchen, Hans-Alfred:
Das empörte Bratwürstchen : 31 Gutenacht-geschichten / Hans-Alfred Herchen. Mit Bildern v. Annika u. Alina Fischer. – 2. Aufl. – Frankfurt am Main : Haag und Herchen, 1991
ISBN 3-89228-716-3

ISBN 3-89228-716-3
2. Auflage 1991

Produktion: Fischer Verlagsbüro,
Frankfurt am Main
Satz: Hannelore Kniebes, Schnaitsee 2
Herstellung: Prisma Druck, Frankfurt am Main
Printed in Germany

Verlagsnummer 1716

INHALT

Vorwort

Dieses Bändchen enthält 31 Gutenachtgeschichten für meine Töchter Alina (4 Jahre) und Annika (9 Jahre) und dokumentiert gleichzeitig – leider – die von beiden oft beklagten Unzulänglichkeiten ihres Vaters: Das Büchlein sollte bereits vor mehr als einem Jahr zu Annikas achtem Geburtstag vorliegen, doch haben für Kinder schwer verständliche Gründe Fertigstellung und Erscheinen verhindert (geschäftliche und private Verpflichtungen, Zeitmangel und Arbeitsüberlastung, Unlust am Tippen der abends vorher erzählten Gutenachtgeschichte, das Verschwinden des teilweise fertiggestellten Manuskriptes über längere Zeiträume in anderen Papierstapeln...).

Doch irgendwann waren die Geschichten niedergeschrieben, und beide Mädchen haben dazu Illustrationen beigesteuert. Der wirklich spannende Prozeß am Entstehen einer solchen Veröffentlichung war das Zusammenwirken mit den Kindern beim Anfertigen der Zeichnungen. Das ist ein kreativer Vorgang, der Anlaß für Gespräche, Diskussionen und gemeinsame Überlegungen gibt, der sehr viel Nähe vermittelt und mir das Gefühl gegeben hat, bei dieser Beschäftigung und bei diesem Miteinander ein wenig von den Schuldgefühlen abzutragen, die vielbeschäftigte Väter gegenüber ihren Kindern wohl sehr oft haben: ich denke an nichtgespielte Spiele, nicht aufgestiegene Drachen im Herbst (ich habe diese Dinger bei meinen beiden älteren Töchtern allerdings nie in die Luft bekommen), ungefeierte Schmusefeste...

Diese Geschichten habe ich in der Enge Frankfurts am Main und unter der Grenzenlosigkeit des nächtlichen südspanischen Himmels aufgeschrieben, wobei Andalusien für einen langen Zeitraum die neue Heimat meiner beiden jüngsten Töchter war.

Nun ist dieses kleine Büchlein endlich erschienen. Die väterliche Reputation hinsichtlich termingerechter Einhaltung von Zusagen wird es sicherlich nicht retten, vielleicht aber die Sicherheit vermitteln, daß gemeinsame Absprachen und Konzeptionen letztendlich doch realisiert wurden.

Ich finde es schön, wenn Eltern abends ihren Kindern Gutenachtgeschichten erzählen oder vorlesen. Das müssen aber nicht nur Märchen von Grimm oder Andersen oder andere »fertige« Geschichten sein, man kann – wie man hier sieht – auch selbst erfinderisch tätig werden. Mein Wunsch ist, mit diesem Bändchen auch andere Eltern anzuregen, ihrer eigenen Phantasie zu vertrauen und abends selbsterdachte Geschichten zu erzählen. Diese Eigenschöpfungen haben überdies den Vorteil, daß sich darin beispielsweise die Ereignisse des Tages verarbeiten und für Kinder verständlicher machen lassen. Man kann mit solchen Geschichten Stimmungen der Kinder auffangen und die Fröhlichkeit und Behaglichkeit vermitteln, die leichter und entspannter einschlafen lassen.

Sollten Sie als Eltern dann auch noch Lust und Zeit haben, Ihre selbsterfundenen Geschichten aufzuschreiben, würde ich mich freuen, wenn Sie mir diese zusenden (Hans-Alfred Herchen c/o Haag + Herchen Verlag, Fichardstr. 30, 6000 Frankfurt am Main 1).

Vielleicht gelingt es, daraus ein neues Buch mit Gutenachtgeschichten zu machen. Und bestimmt würden sich Ihre Kinder freuen, die Gutenachtgeschichten und den Namen ihrer Eltern in einem solchen Buch wiederzufinden.

Hans-Alfred Herchen

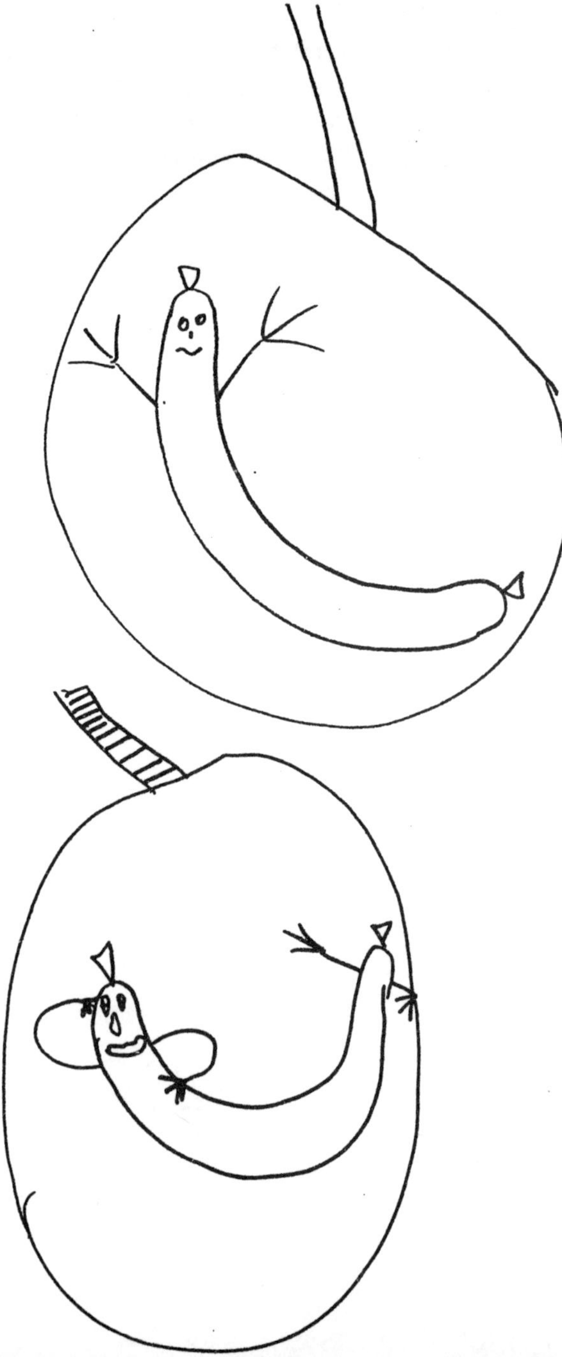

Das empörte Bratwürstchen

Ein Bratwürstchen lag in der Pfanne, die auf der Kochplatte stand, und verständlicherweise wurde es ihm dabei sehr heiß. Hinzu kam, daß heute der Vater kochte, und dieser hatte die Kochplatte gleich auf die höchste Hitzestufe gestellt, weil er mit der Kocherei möglichst schnell fertigwerden wollte. Sie machte ihm nämlich überhaupt keinen Spaß.

Das Bratwürstchen war empört, es war wirklich richtig empört. Wie konnte man auf diese Weise ein Bratwürstchen braten! Es würde platzen, vor Wut und natürlich auch wegen der übergroßen Hitze, und dann würde es recht unappetitlich aussehen und möglicherweise auch nicht mehr so gut schmecken.

In seiner Empörung, die sich immer mehr steigerte, sprang das Bratwürstchen schließlich, als sich der Vater gerade einmal abgewandt hatte, aus der Pfanne, hüpfte über den Küchenboden, über den langen Flur und versteckte sich zunächst einmal im Bad. Hier beschmierte es seine Haut kräftig mit Sonnenöl, denn es hatte den Eindruck, als würde es so etwas wie einen ziemlich deftigen Sonnenbrand bekommen. Das war natürlich nach der Hitze in der Bratpfanne kein Wunder.

Das Bratwürstchen fühlte sich jetzt wesentlich wohler. Es schlüpfte aus dem Haus, und der kühle Abendwind tat seiner malträtierten Haut sichtlich wohl.

Es legte sich unter den großen Apfelbaum im Garten und schlief nach all den Anstrengungen und Aufregungen sofort ein. Es erwachte von schaukelnden Bewegungen. Der struppige Hund Karo hatte das Bratwürstchen im Maul – deshalb kitzelte es auch so – und war mit ihm auf dem Weg zu seiner Hundehütte.

Das Bratwürstchen war wieder völlig empört und tat einen lauten Blubberlaut, wie das Bratwürstchen eben so tun, wenn sie empört und auch etwas verärgert sind. Hund Karo ließ vor Schreck das resolute Bratwürstchen fallen, und dieses versteckte sich sogleich im Geäst eines Pflaumenbaumes. Das war kein Problem für das Bratwürstchen, denn Bratwürstchen können ziemlich hoch springen. So erreichte es mühelos einen dichtbelaubten Ast.

Es überlegte lange, was es nun tun sollte. Schließlich gründete es am Rande eines Waldes in einer Gegend, die kaum von Menschen aufgesucht wird, ein richtiges kleines Dorf für Bratwürstchen, die nicht gegessen werden wollen, und die vor allem etwas gegen zu heiße Bratpfannen haben.

Die Traumkönigin

In einem riesigen blauen Wolkenwald lebte eine wunderschöne Traumkönigin mit langen blonden Haaren und ganz blauen Augen, die so blau wie die Wolken waren.

Diese schöne Traumkönigin saß den ganzen Tag auf einer großen Wolkenbank und dachte sich die Träume aus, die sie nachts den Menschen zur Erde schickte.

Auf der Erde gab es ein kleines Mädchen, das ebenfalls blonde Haare hatte, und dieses Mädchen war sehr neugierig und wollte unbedingt die Traumkönigin kennenlernen, die sich alle Träume ausdenkt, die von den Menschen auf der Erde geträumt werden. Das Mädchen bemühte sich, abends nicht mehr einzuschlafen, um nicht den großen weißen Traumvogel zu verpassen, der in der Nacht über die Erde flog und die Träume zu den Menschen brachte. Eines Abends erblickte das kleine Mädchen den riesigen weißen Traumvogel und bat ihn, er möge es mit zur Traumkönigin nehmen.

Der Traumvogel war zunächst sehr verwirrt, einmal deshalb, weil es eine lange Reise zur Traumkönigin war, zum anderen auch, weil er ja noch viele Träume zu verteilen hatte. Doch da ihn das kleine Mädchen so sehr bat, mitgenommen zu werden, stimmte er schließlich zu. Er verteilte ganz schnell die restlichen Träume, flog zurück zu dem wartenden kleinen Mädchen und nahm es mit.

Traum-
königin

Auf dem Flug durch die Nacht kuschelte sich das Mädchen ganz eng an den großen Traumvogel und schlief dabei ganz fest ein. Als es aufwachte, lag es neben der wunderschönen Traumkönigin auf der weichen Wolkenbank. Die Traumkönigin führte das Mädchen durch den herrlichen Traumgarten, in dem bunte Traumblumen blühten und zeigte der Kleinen das Wolkentraumhaus und die vielen Wolkentraumtiere.

Und von all den vielen Dingen, die das kleine blonde Mädchen sah, wurde es schließlich ganz müde und schlief glücklich lächelnd ein. Der große Traumvogel, der sich jetzt von seiner langen Traumreise eigentlich erst einmal ausruhen wollte, trug das schlafende Mädchen zurück nach Hause in das kuschelige Bett.

Und als das kleine blonde Mädchen am anderen Morgen aufwachte, wußte es nicht mehr, ob es geträumt hatte, oder ob die Reise zur Traumkönigin Wirklichkeit gewesen war.

Die wunderschöne Traumkönigin, die übrigens niemals altert, denn sonst könnte sie ja vielleicht eines Tages den Menschen keine Träume mehr schicken, blickte von ihrer blauen Wolkenbank lächelnd auf das kleine blonde Mädchen hinunter und dachte sich dabei einen ganz besonders schönen Traum aus, den sie in der nächsten Nacht dem kleinen Mädchen schicken würde.

Das alte Bügeleisen

Das alte Bügeleisen war müde geworden. Es war schon viele Jahre in Betrieb, hatte kein Lust mehr, hin- und hergeschoben zu werden, und es hatte auch keine rechte Lust mehr, ständig mit der Schnur an der Steckdose befestigt zu sein.

Also verursachte das alte Bügeleisen einfach einen Kurzschluß, und die Sache hatte sich. Wie gesagt, es war schon alt, und eine Reparatur lohnte sich nicht. Das sah auch die Hausfrau ein, und so wurde das Bügeleisen einfach in die Ecke gestellt.

Doch dann zuckte das Bügeleisen eines Tages vor Schreck zusammen, soweit dies bei einem Bügeleisen möglich ist: Es hatte gehört, daß die Hausfrau gerade eben vor sich hingemurmelt hatte, das alte Bügeleisen sei ja doch zu nichts mehr nutze, und dann war auch noch das gefährliche Wort „Mülltonne" gefallen.

Während des Tages passierte nichts, dann jedoch nachts um so mehr: Ein Einbrecher schnitt mit einem Glasschneider sorgfältig das Glas des Küchenfensters heraus und kletterte vor Anstrengung keuchend in die dunkle Küche. Das Bügeleisen überlegte nicht lange, rutschte vorsichtig bis zur Kante des kleinen Abstelltisches und ließ sich dann auf den Fuß des Einbrechers plumpsen. Dieser hüpfte noch kreischend auf einem Bein in der Küche herum, als die Hausfrau und ihr Mann herbeigestürmt kamen. Der Einbrecher wurde, wie dies auch manchmal bei Gutenachtgeschichten der Fall ist, der Polizei übergeben, während das alte Bügeleisen der Held der Nacht und des folgenden Tages war.

Als Lohn und Dank bekam es einen Ehrenplatz auf dem Kaminsims. Und dort steht es übrigens heute noch.

Wie die Kinder zu ihren Bällen kamen

Die Kinder auf der ganzen Welt waren traurig, weil sie keine Bälle zum Spielen hatten. Das kam daher, weil die Menschen vergessen hatten, den Ball zu erfinden.

Eines Tages ging ein kleines Mädchen in den Zoo und traf dort einen kleinen Elefanten mit einem fast weißen Rüssel. Die beiden unterhielten sich durch den Zaun, der das Elefantengehege von den Besucherwegen trennte, und auf einmal sagte der kleine Elefant zu dem Mädchen: „Wenn Elefanten weinen, werden ihre Tränen zu wunderschönen großen Bällen, mit denen die Kinder spielen können."

Das kleine Mädchen und viele andere Kinder trafen sich nun zu einer großen Konferenz, und das Mädchen fragte die Kinder: „Sollen die Elefanten weinen, damit wir Bälle zum Spielen haben?"

Die Kinder überlegten, schüttelten die Köpfe und entschieden einstimmig: „Nein, wir wollen nicht, daß die Elefanten traurig sind."

Das Mädchen ging zu ihrem kleinen Elefanten mit dem fast weißen Rüssel in den Zoo, zupfte ihn am Ohr, und auf einmal wuchsen dem kleinen Elefanten Flügel. Er flog zu allen anderen Elefanten und erzählte, daß die Kinder keine Bälle haben wollten, damit die Elefanten nicht traurig sein müßten.

Die Elefanten waren sehr gerührt und erkannten, daß die Kinder sie sehr lieb hatten. Und plötzlich traten den Elefanten Tränen der Rührung und Freude in die Augen. Langsam kullerten die Elefantentränen über die graue, faltige Elefantenhaut und tropften zu

Boden. Dort zersprangen die Tränen, teilten sich und wurden zu wunderschönen, großen und bunten Bällen.

Unser kleiner Elefant, der wohl der einzige Elefant war, der fliegen konnte, war fast ein Jahr lang pausenlos unterwegs, um allen Kindern in der Welt einen Ball zu bringen.

Und wenn die Kinder groß und erwachsen sind, dann legen sie meistens diese Bälle in ein Regal oder sonstwohin und vergessen, daß sie ihnen einmal von den Elefanten geschenkt wurden.

Das gelangweilte Flugzeug

Es gab einmal ein kleines Flugzeug, das sich furchtbar langweilte. Es stand in einer großen Halle neben vielen anderen Flugzeugen, die zumeist viel größer waren und fühlte sich ziemlich überflüssig, da es kaum geflogen wurde.

Eines Abends bemerkte es, daß das Hallentor nicht richtig verschlossen war. Vorsichtig rollte es auf das Tor zu und schob es mit dem rechten Tragflügel zur Seite.

Dann rollte das kleine Flugzeug hinaus auf das Flugfeld, blickte in die Runde, ließ mutig den Motor an und erhob sich brummend in die Luft. Dem Fluglotsen im Kontrollturm fiel vor Schreck das abendliche Butterbrot aus der Hand, denn das kleine Flugzeug hatte natürlich keine Starterlaubnis.

Das kleine Flugzeug verschwand schnell in der Abenddämmerung. Es war sehr gespannt, welche Abenteuer jetzt wohl zu bestehen waren. Natürlich war es auch ein wenig nervös.

Das kleine Flugzeug hatte jedoch vor dem Abflug vergessen, nachzusehen, ob es auch genug Treibstoff in den Tanks besaß. Das war nicht der Fall, denn plötzlich stotterte der Motor, der Treibstoff war alle, das kleine Flugzeug drohte abzustürzen.

Da tauchte plötzlich ein Schwarm Wildgänse auf, der die Not des kleinen Flugzeuges bemerkte. Die Wildgänse versammelten sich fliegend unter dem kleinen Flugzeug, so daß dieses sich mit Rumpf und Tragflächen auf dem weichen Gefieder der Wildgänse niederlassen konnte.

Die Wildgänse brachten das Flugzeug sicher zum Flugplatz zurück, und mit dem Rest des Treibstoffes konnte es gerade noch in die große Flugzeughalle rollen. Dem Mann im Kontrollturm fiel diesmal die Kaffeetasse aus der Hand, als plötzlich das kleine Flugzeug – begleitet von den zahlreichen Wildgänsen – wieder auftauchte.

Das kleine Flugzeug war doch recht froh, jetzt wieder zuhause zu sein und schlief – müde von der langen Reise – sogleich auch tief und fest ein.

Da es sich beim Öffnen der Hallentür am Flügel eine Beule zugezogen hatte, die am nächsten Morgen entdeckt wurde und behoben werden mußte, bekam es dabei auch gleich einen neuen Anstrich, und sah danach so hübsch aus, daß immer mehr Leute mit ihm fliegen wollten. Und deshalb brauchte sich das kleine Flugzeug auch nie mehr zu langweilen.

Der Fuchs und die Gans

Ein Fuchs schlich sich nachts in die Nähe eines großen Bauernhofes. Da bemerkte er einen Käfig, in dem sich etwas bewegte. Vorsichtig näherte sich der Fuchs dem Käfig.

Im Käfig war eine wunderschöne Gans eingesperrt, die den Fuchs traurig ansah. „Ich werde hier gemästet und soll bald geschlachtet werden", sagte die Gans leise und sah den Fuchs unverwandt an. Dieser hatte sich sofort in die Gans verliebt und war reichlich verwirrt, was ja auch Menschen manchmal sind, wenn sie sich gerade frisch verliebt haben.

Der Fuchs versprach, die Gans zu retten, und er machte sich sogleich daran, den Käfig zu öffnen. Das war eine irrsinnige Fummelei, doch nach einer halben Stunde hatte er endlich den Türriegel zurückgeschoben (so etwas ist mit Fuchspfoten gar nicht so einfach zu bewerkstelligen). Die Gans war frei.

Sie reckte und streckte sich, und der Fuchs sah verliebt zu. Dann breitete sie die Flügel aus und flog davon.

Da ein solches Ende jedoch für eine Gutenachtgeschichte eigentlich nicht so richtig paßt, ereignete sich innerhalb weniger Sekunden etwas Sensationelles: Die Gans flog nur etwa fünfzig Meter weit, landete auf einer kleinen Wiese und verwandelte sich in eine schöne Prinzessin. Sie ging auf den immer noch wie erstarrt dasitzenden Fuchs zu und gab ihm einen Kuß auf die feuchte Fuchsnase. Da wurde – natürlich – aus dem Fuchs ein schöner Prinz.

Prinz und Prinzessin zogen auf ein herrliches Schloß, heirateten und bekamen viele Kinder.

Da die Prinzessin damals den Fuchs aber nur ganz zart geküßt hatte, war die Verzauberung nicht ganz verschwunden: Einmal im Jahr verwandelt sich die Prinzessin für fünf Stunden wieder in eine Gans, und der Prinz wird – zur selben Zeit – für ebenfalls fünf Stunden wieder zu einem Fuchs.

Das ist aber nicht weiter schlimm. Denn natürlich haben Prinz und Prinzessin ihren Untertanen verboten, auf Füchse zu schießen und Gänse zu schlachten.

Wenn Du also einmal in ein Land kommst, in dem es viele Gänse und Füchse gibt, dann leben dort sicher auch unser Prinz und unsere Prinzessin. Vielleicht kannst Du sie sogar einmal auf ihrem Schloß besuchen: Es liegt auf einem hohen Berg, die Schloßmauern sind ganz mit Efeu bewachsen und über dem Schloß weht eine Fahne, auf der ein Fuchs und eine Gans zu sehen sind.

Der kleine Tiger

Der kleine Tiger ärgerte sich darüber, daß er so klein geblieben war. Er konnte tun und machen was er wollte, brüllen und fauchen – kein Mensch nahm ihn ernst, am wenigsten natürlich die Tiere.

Da fiel dem kleinen Tiger ein, daß unten am Fluß ein Zauberer lebte, der ihm vielleicht helfen konnte. Der kleine Tiger lief hinunter zum großen Fluß und bat den Zauberer um einen Zaubertrank, der ihn groß und stark machen sollte.

Der Zaubertrank schmeckte grauenvoll, zehnmal schlimmer als der am schlimmsten schmeckende Hustensaft der Welt. Der kleine Tiger schüttelte sich, überlegte gerade, ob das Ganze mit dem Größerwerden überhaupt eine gute Idee gewesen war, und dann war er auch schon groß, stark und furchterregend, so furchterregend sogar, daß der Zauberer schreiend die Flucht ergriff und dabei Zauberhut und Zauberstab verlor.

Der bisher kleine Tiger war sehr zufrieden. Doch bald stellte er fest, daß Menschen und Tiere bei seinem Auftauchen schleunigst die Flucht ergriffen. Und er hatte plötzlich niemanden mehr, mit dem er spielen konnte. Das Leben wurde jetzt sehr langweilig. Er konnte nur noch seiner Umwelt Schrecken einjagen, und das machte wirklich keinen Spaß.

Der Tiger fluchte vor sich hin. Er benutzte Wörter wie „Scheiße!" und sogar „Verdammte Scheiße!", Wörter, die man eigentlich ja nicht verwenden sollte, vor allem nicht als Tiger. Unserem Tiger war das jetzt aber ziemlich scheißegal.

Der Zauberer hatte sich vielleicht auch etwas mit dem Zaubertrank vertan, denn so groß und furchterregend wollte der einstmals kleine Tiger ja nun auch wieder nicht werden. Das Problem war auch, daß er den Zauberer wegen eines neuen Zaubertranks, um normale Tigergröße zu erhalten, nicht mehr aufsuchen konnte, denn der Zauberer würde ja gleich wieder kreischend davonlaufen...

Irgend etwas mußte jetzt passieren (mit dem Tiger und natürlich auch mit unserer Geschichte). Also wandte sich unser Tiger an den großen Tigerrat, der Versammlung der ältesten und weisesten Tiger. Man empfahl ihm, in der Hauptausgabe der „Großen Urwaldzeitung" eine Anzeige aufzugeben und mitzuteilen, daß er ein jetzt etwas zu groß geratener, ansonsten jedoch freundlicher Tiger wäre, eben nur die größere Ausgabe des kleinen Tigers von früher.

Die Anzeige hatte Erfolg. Bald fürchtete sich niemand mehr vor unserem Tiger, und auch die einstigen Spielkameraden tollten wieder mit ihm herum. Nur der alte Zauberer ist noch ziemlich ärgerlich, weil ihm bei der damaligen Flucht der Zauberhut in eine Pfütze gefallen war und die Flecken sich nicht mehr entfernen ließen.

Häuptling Grauer Bär

Häuptling Grauer Bär war gerade aus seinem Zelt gekommen und saß, eine lange Pfeife rauchend, an einen Baum gelehnt und blickte nachdenklich in das flackernde Lagerfeuer.

Immer dann, wenn er in die Flammen sah, erinnerte er sich an seine Jugend, wobei man wissen muß, daß Grauer Bär schon sehr alt war. Seine Haare waren weiß und hinten zusammengebunden, seine Haut war von der Sonne gebräunt und von Runzeln übersät. Immer, wenn er in die zuckenden Flammen sah, verschwand die Gegenwart, und er tauchte ein in die Vergangenheit: Er sah Wölfe vor sich, die nachts in Rudeln die Prärie durchstreiften, sah stampfende Büffelherden, die riesige Staubwolken hinter sich herzogen, und sah auch seine Indianerfreunde auf den flinken kleinen Pferden, auf denen sie das Land erkundeten.

Und er erinnerte sich auch an das weiße Pferd, das er einmal geritten hatte, und das schon vor vielen, vielen Jahren gestorben war, und eben in diesen Augenblicken dann kam eben dieses weiße Pferd herangaloppiert, jugendlich schwang sich der Häuptling auf den Rücken des Tieres und ritt mit ihm mitten durch eine Büffelherde, die sich vor ihm teilte. Die Federn seines Kopfschmucks wehten im Wind...

Der Häuptling erwachte jedesmal aus seinen Träumen, wenn das Lagerfeuer erlosch. Und diesmal nahm er sich vor, alle Geschichten und Erlebnisse aus seiner Kindheit und Jugend für seine Enkelkinder aufzuschreiben.

Und deshalb sitzt jetzt Häuptling Grauer Bär mit einem Schreibblock auf den Knien und schreibt seine Geschichte, die gleichzeitig auch die Geschichte der Indianer ist.

Damit das alles funktioniert, hat sich der Häuptling sogar eine Brille kaufen müssen.

Das Schwein Knuffi

Es war einmal ein sehr dickes Schwein, das Knuffi hieß und nicht mehr dick sein wollte. Was konnte es gegen sein Dicksein tun? Knuffi fraß nun einmal für sein Leben gern – oft und viel.

Schließlich entschied Knuffi, daß es mit der vielen Fresserei so nicht mehr weitergehen konnte. Knuffi aß nur noch ganz wenig. Doch nun wurde das Schwein immer dünner und dünner. Bald war es so dünn geworden, daß die anderen Schweine Knuffi kaum noch erkannten.

Jetzt begann das inzwischen spindeldürre Schwein, vom Hunger geplagt, wieder mit der Fresserei. Es wurde schnell dick und dicker, und bald war es so dick, daß es kaum noch laufen und grunzen konnte.

Da hatte es eine vorzügliche Idee. Es bewegte sich mühsam und schnaufend zu dem in der Nähe gelegenen Kindergarten, und alle Kinder dort durften auf dem dicken Schwein Knuffi, das kaum noch laufen und grunzen konnte, reiten. Die Kinder waren begeistert und warteten jeden Tag schon ganz ungeduldig auf Knuffi.

Das Schwein hatte jetzt genügend Bewegung, denn alle Kinder wollten natürlich auf seinem Rücken einen richtigen tollen Schweinegalopp erleben. Knuffi wurde zusehends schlanker und sah bald so aus wie andere Schweine auch.

Das einstmals dicke Schwein Knuffi fand es besonders schön, daß es von allen Kindern beim Abschied nach der Reiterei immer einen dicken Kuß auf die dicke Grunzschnauze bekam.

Die Sache mit den Zebras und ihren Streifen

Zebras, auch Tigerpferde genannt, sind Pferdearten, die schwarzweiß oder braunweiß quergestreift in Herden in den Steppen Ost- und Süd-Afrikas leben.

Wie kamen nun die Zebras zu den Streifen in ihrem Fell? Ganz früher existierten diese Streifen nicht, und die Zebras ärgerten sich über ihr schmuckloses Aussehen.

Eines Tages trafen die Zebras auf eine Affenherde, und einige der Affen fragten höflich an, ob die Zebras nicht vielleicht die Affenkinder reiten lassen würden. Dann könnten die Affen endlich einmal ungestört ihren Mittagsschlaf halten, und die quengeligen Affenkinder wären einige Zeit beschäftigt.

Da Zebras von Natur aus gutmütig und hilfsbereit sind, willigten sie ein. Mehrere Stunden trabten sie durch die Steppe, und die Affenkinder waren begeisterte Reiter.

Wie sollten sich nun die Affen bei den Zebras bedanken? Sie überlegten hin und her, und dann fiel ihnen ein, daß sich die Zebras schon mehrfach über ihr schmuckloses und etwas langweiliges Aussehen beklagt hatten. Da hatten die Affen eine tolle Idee.

Sie besorgten sich einen Eimer mit Farbe und malten den Zebras wunderschöne Querstreifen auf das Fell. Vorher hatten die Affen mehrere Modezeitschriften durchgeblättert und waren dann ziemlich einstimmig der Meinung, daß Querstreifen den Zebras am besten stehen würden.

Die Zebras flippten vor Begeisterung völlig aus. Sie

galoppierten herum und zeigten allen Tieren ihr neues Fellkleid. Die Zebras feierten zusammen mit den anderen Tieren ein richtiges Modefest, bei dem die schönsten Querstreifen prämiert wurden.

Ein böses Erwachen gab es, als der erste Regen kam. Dieser wusch die Streifen ab, und die Zebras standen ziemlich verdutzt und bekümmert wieder in ihrer vorherigen Einfarbigkeit da.

Ein Zebra, das sich besonders über die neuen Streifen gefreut hatte, sagte laut und deutlich: „Scheiße!" Aber auch das änderte nichts an der Tatsache, daß die Streifen verschwunden waren.

Nun begann eine harte Zeit für die Affen. Sie mußten nach jedem Regen die Streifen auf den Fellen der Zebras erneuern, denn die Affenkinder wollten keineswegs mehr darauf verzichten, jeden Tag auf den Zebras zu reiten.

Weil das alles so ist, wirken Affenkinder meistens fröhlich und entspannt, weil sie sich schon auf den nächsten Ausritt auf den Zebras freuen. Die Affeneltern machen oft ein leicht angespanntes Gesicht und blicken sorgenvoll zum Himmel. Sie wissen: Wenn der nächste Regen kommt, gibt es wieder viel Arbeit mit den Zebrastreifen...

Die Katze Rumla

Katzen zählen zu den beliebtesten Haustieren. Im alten Ägypten wurden sie als heilige Tiere verehrt.

Das alles kümmerte die pechschwarze Hauskatze Rumla wenig. Sie hatte sich die linke Vorderpfote verstaucht, was höllisch schmerzte. Rumla hätte eben doch nicht vom Garagendach herunterspringen sollen. Aber hinterher ist man immer klüger, das gilt für Katzen genauso wie für Menschen.

In der darauffolgenden Nacht, als die Schmerzen in der Pfote immer stärker wurden, suchte sie Hutzelputzel auf, einen Zwerg, der im Hauskeller wohnte. Der Zwerg war gerade zu Bett gegangen und kroch ziemlich mürrisch aus den Federn, als es an seiner Zwergenwohnung, einer umgebauten Apfelsinenkiste, klopfte. Rumla erzählte ihm von ihrem Mißgeschick, und Hutzelputzel bestrich die schmerzende Katzenpfote vorsichtig mit einer gelben Salbe, die ziemlich unangenehm roch.

Rumla hatte aber noch ein anderes Anliegen: Seit langem wünschte sich die pechschwarze Katze an Brust und Schwanzspitze einen weißen Fleck. Die Katze fragte den Zwerg um Rat. Hutzelputzel verriet ihr, daß im Nachbargarten im Wurzelgewirr des alten Kastanienbaumes der Zauberzwerg Putzelhutzel wohnte, übrigens ein naher Verwandter von Hutzelputzel, deshalb wohl auch die Ähnlichkeit des Namens.

Rumla besuchte Putzelhutzel, der auch gerade zu Bett gegangen war und ebenfalls ziemlich ärgerlich die Bettdecke zurückschlug, als die Katze zu so später Stunde an eine Baumwurzel klopfte. „Immer diese nächtlichen Störungen", brummte Putzelhutzel, der zu allem Überfluß seine Zipfelmütze nicht finden konnte. Gestern nacht hatte ihn Dackel Waldmann wegen irgendeiner Belanglosigkeit aufgesucht, vorgestern nacht ein entflogener Wellensittich, der allein nicht mehr nach Hause fand. Und heute nacht tauchte die Nachbarskatze auf. . .

Putzelhutzel hörte sich leicht gereizt – die Zipfelmütze hatte er immer noch nicht gefunden – Rumlas Wünsche an. Ärgerlich war auch, daß die Katze die Tür offengelassen hatte, und Putzelhutzel spürte unangenehm die kalte Nachtluft auf seiner beginnenden Glatze (auch Zwerge leiden manchmal an Haarausfall, Zauberzwerge fast immer).

Putzelhutzel wollte – verdammt noch einmal – möglichst bald wieder ins Bett und versprach, der Katze schnell zu helfen. Rumla holte auf Anweisung des Zwerges eine Hühnerfeder, die unter einem Tomatenstrauch am Ende des Gartens lag. Putzelhutzel warf die Feder dreimal in die Luft und murmelte einen unverständlichen Zauberspruch. Beim dritten Hochwerfen der Feder drang allerdings ein Luftzug ins Zwergenzimmer – Rumla hatte natürlich wieder die Tür offengelassen –, und Putzelhutzel konnte die Feder nicht auffangen, so daß diese auf den Boden segelte.

Etwas unglücklich starrte der Zwerg auf die Katze: Diese hatte jetzt zwar zwei weiße Flecken, doch saß einer am rechten Ohr und der andere am linken Hinterbein.

Nächtliche Zwergenzaubersprüche mit Hühnerfedern lassen sich leider nicht mehr rückgängig machen. Hätte halt Katze Rumla nicht die Tür offengelassen. . .

Rumla war eigentlich mit den beiden weißen Flekken an Ohr und Hinterbein auch ganz zufrieden, um so mehr, als ihr beim Verlassen der Zwergenwohnung ein ziemlich vornehm aussehender Kater gleich einen Heiratsantrag machte.

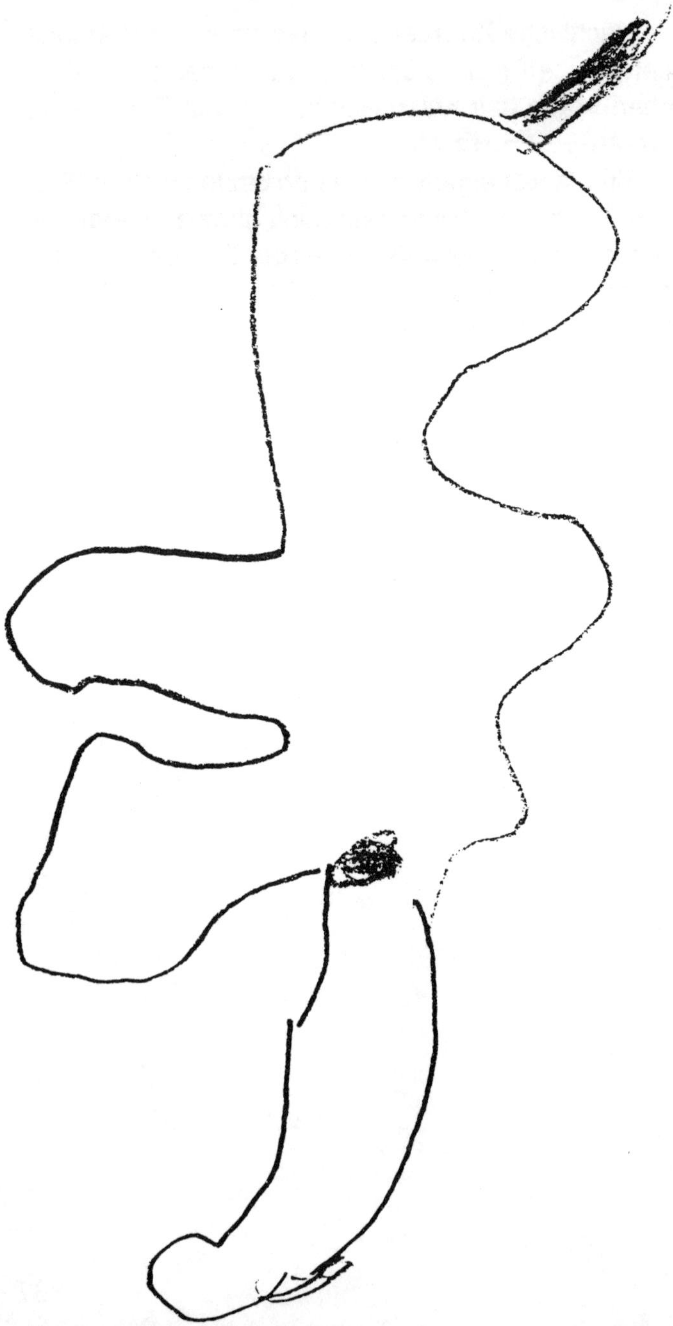

Die vereinsamte Maus

Als der Vater eines Tages spät nach Hause kam und in der Küche Licht machte, sah er auf dem Boden eine kleine Maus sitzen. Diese erzählte ihm: „Ich bin als einzige Maus in diesem Haus geblieben, da ich doch eine Hausmaus bin. Meine Freunde, die anderen Mäuse, wollten keine Hausmäuse mehr sein und sind hinaus ins Freie gezogen, um Feldmäuse zu sein."

Die Maus machte bei ihrer Geschichte ein ziemlich trauriges Gesicht, denn natürlich war es langweilig, als einzige Maus allein in dem großen Haus zu sein.

Der Vater überlegte einige Zeit, während er sich einen Kaffee machte, und fragte dann die Maus, ob sie nicht Lust hätte, seine beiden Kinder als neue Spielgefährten zu gewinnen. Die Maus kringelte nachdenklich ihren Schwanz und meinte schließlich zu dem Vater: „Du mußt aber dafür sorgen, daß mich die Kinder nicht zu fest anfassen, denn das vertrage ich nicht."

Am nächsten Morgen sprach der Vater mit seinen beiden Kindern, stellte ihnen die Maus vor, und die Kinder versprachen, mit der Maus recht vorsichtig umzugehen. Zwischen den beiden Kindern und der Maus entstand eine dicke Freundschaft. Manchmal nahmen die Kinder die Maus sogar in die Schule mit, doch durfte davon natürlich der Lehrer nichts wissen.

Die anderen Mäuse, die früher in dem großen Haus gewohnt hatten, erfuhren davon, daß es der zurückgebliebenen Hausmaus inzwischen sehr gut ging. Die anderen Hausmäuse, die ja Feldmäuse werden wollten, wurden sogar etwas neidisch, denn bei ihnen lief die Sache nicht ganz so toll. Es regnete und stürmte, oftmals fanden sie nicht genug zum Fressen, und überhaupt war die Sache hier draußen recht ungemütlich.

Nach und nach kehrten die Mäuse in das Haus zurück, wo sie von der verbliebenen Hausmaus freudig begrüßt wurden. Diese war auch deshalb so begeistert, weil sich auf diese Weise die Zahl der Spielkameraden immer mehr vergrößerte, und Mäuse spielen nun einmal gern.

Eines Tages ging die Mutter ahnungslos in den Keller und traf mitten in die Versammlung der Mäuse, die sich einmal im Monat zum großen Mäuserat zusammensetzen. Die Mutter kreischte zunächst einmal erschreckt auf, als sie sich auf einmal mehr als zwanzig Mäusen gegenübersah. Die Maus, die schon immer im Haus gelebt hatte, richtete sich sogleich auf den Hinterpfoten auf und beruhigte die Mutter, daß es sich hier doch um sehr vernünftige und zivilisierte Mäuse handeln würde, die sich auch sehr bemühen würden, möglichst wenig anzunagen. Die Maus versprach sogar, daß die Vorräte in der Speisekammer unangetastet blieben, da die Mäuse ja von den Kindern ausreichend mit Nahrung versorgt würden.

Ganz wohl war der Mutter ja zunächst nicht bei dem Gedanken an die vielen Mäuse im Haus. Da aber auch die Hauskatze versprach, die in dem großen Haus lebenden Mäuse nicht zu fressen, stimmte auch die Mutter schließlich der Mäusekolonie im Keller zu.

Und wenn der Vater abends spät nach Hause

kommt, was häufig der Fall ist, freut er sich, wenn ihm eine Maus bei seiner späten Tasse Kaffee Gesellschaft leistet. Meistens ist es die Maus, die schon immer in dem Haus lebte.

Die beiden unzufriedenen Elefanten

Zwei große Elefanten treffen sich in Afrika. Der eine hat eine graue Haut, wie sie die meisten Elefanten haben, der andere eine weiße, die seltener ist.

Beide Elefanten sind mit ihrer Hautfarbe unzufrieden und beschließen, ihre Häute zu tauschen. Sie zerren und ziehen, und endlich hat jeder seine Haut abgestreift. Der graue Elefant schlüpft in die Haut des weißen Elefanten und umgekehrt.

Doch siehe da: Die Häute passen nicht! Dem einen Elefant ist die neue Haut viel zu weit, dem anderen viel zu eng.

Ratlos und sehr dumm sehen sich die beiden Elefanten an. Sie überlegen einen Augenblick, steigen dann schweigend aus ihren Häuten und tauschen diese wieder aus.

Nun hat der graue Elefant wieder seine graue Haut, der weiße Elefant seine weiße Haut. Sie trompeten erleichtert mit erhobenen Rüsseln und wandern weiter durch das weite Afrika.

Ein großer weißer Vogel hatte – unbemerkt von den beiden Elefanten – zugesehen und mußte lachen.

Der Mond, der vom Himmel fiel

Der Mond, der in dieser Nacht besonders hell am Himmel leuchten wollte, hatte sich nicht richtig festgehalten und war vom Himmel gefallen. Beim Sturz zur Erde war dem Mond ziemlich schwindlig geworden, alles ging ja rasend schnell, und jetzt lag er in einem Gebüsch am Straßenrand und ächzte vor Schreck leise vor sich hin. Ein Mond fällt eben nicht alle Tage vom Himmel.

Auf der Erde war es jetzt ziemlich dunkel, denn der Mond lag ja im Gebüsch. Er bewegte zunächst einmal vorsichtig Arme und Beine und stellte erleichtert fest, daß nichts gebrochen war.

Der Mond rappelte sich mühsam auf und ging zu einem kleinen Fluß in der Nähe, um sich notdürftig zu säubern. Bei seinem Sturz hatte sich der Mond furchtbar eingedreckt, und so konnte er kaum unter Menschen gehen.

Im übrigen hatte er auch einen Mordshunger. Aber wo gab es mitten in der Nacht noch etwas zu essen? Er ging durch die Straßen eines kleinen Städtchens und bemerkte endlich erleichtert ein erleuchtetes Fenster in einem kleinen Haus. Er klingelte und hatte Glück, daß er auf einen sehr freundlichen Mann traf, der ihn zum Eintreten einlud und bestens bewirtete.

Der Mond bedankte und verabschiedete sich. Er überlegte angestrengt, wie er wieder zum Himmel hinaufkommen könnte. Ihm fiel nichts ein. Er fragte schon recht verzweifelt einige Vögel, ob sie ihm vielleicht bei der Beförderung behilflich sein könnten. Doch diese lehnten ab. Der Mond war ihnen viel zu schwer. Wie sollten sie ihn den langen Weg zum Himmel hinauftragen? Sie würden vermutlich bald müde werden und dann möglicherweise zusammen mit dem Mond abstürzen.

Morgens traf der Mond auf einige Kinder, die zur Schule gingen. Und diese hatten endlich die rettende Idee: Sie schwänzten die Schule, denn jetzt hatten sie etwas viel Wichtigeres zu tun.

Die Kinder bastelten mit Feuereifer einen Drachen. Dieser hatte Handgriffe und Fußstützen, so daß der Mond mit dem Drachen bequem zum Himmel zurückfliegen konnte. Der erste Startversuch gelang, und schnell entfernte sich der Mond in Richtung Himmel.

Es ist natürlich klar, daß er den Kindern, die ihm geholfen hatten, in der folgenden Nacht besonders schöne und schimmernde Mondstrahlen schickte. Der Mond soll in dieser Nacht sogar „Vielen Dank für die Hilfe!" zur Erde gerufen haben. Ein kleines Mädchen, das nicht schlafen konnte und am offenen Fenster ihres Schlafzimmers stand, hat es laut und deutlich gehört. Und der Teddy, den sie im Arm hielt, kann es auch bestätigen.

Der kleine Clown

Eine Ostergeschichte

Es war einmal ein kleiner Junge, der zusammen mit seinen Eltern in einem Zirkus auftrat. Nachmittags und abends stand er bunt geschminkt, in einem knallroten Jackett und in viel zu großen Hosen in der Manege, stolperte über seine viel zu großen Schuhe, entlockte einer verbogenen Trompete merkwürdige Töne und brachte auf diese Weise die Zirkusbesucher zum Lachen.

Dieser kleine Clown hatte aber auch etwas ganz Besonderes einstudiert, auf das er sehr stolz war: Er konnte mit acht goldfarbenen Bällen jonglieren, gleichzeitig wohlgemerkt, und dann wollte der Beifall im Zirkus kein Ende nehmen.

Heute nun saß der kleine Clown traurig vor dem Zirkuszelt. In der vergangenen Nacht hatte man ihm alle goldfarbenen Bälle gestohlen, und in einer halben Stunde begann die Nachmittagsvorstellung. Was sollte er nun tun?

Ein Hase hoppelte vorbei, natürlich gehörte er zur großen Osterhasenfamilie, und bemerkte seine Trauer und Ratlosigkeit. Der kleine Clown berichtete dem Hasen von seinem Mißgeschick, und dieser knickte betrübt und mitfühlend seine langen Ohren nach vorne, was Hasen immer tun, wenn sie nachdenken.

Plötzlich machte der Hase einen mächtigen Luftsprung. „Ich werde Dir einfach einige meiner Ostereier leihen", sagte er. „Da morgen Ostern ist, brauche ich die Eier aber unbedingt nach der Abend-

TeLLer

vorstellung zurück; laß um Himmelswillen kein Ei fallen!"

Der kleine Clown war überglücklich und versprach, besonders vorsichtig zu sein. Der Auftritt des kleinen Clowns war ein Riesenerfolg. Besonders die vielen Kinder in der Nachmittagsvorstellung waren begeistert, daß der kleine Clown auf einmal mit Ostereiern jonglierte. Dieser Erfolg wiederholte sich auch in der Abendvorstellung. Diese wurde vor allem von Erwachsenen besucht, die aber von den wirbelnden Ostereiern genauso begeistert waren.

Der kleine Clown hatte dem Osterhasen versprochen, die Eier nach der Abendvorstellung zurückzugeben. Der Hase wartete schon am Elefantenzelt. Doch nun war der Osterhase traurig. Er erzählte dem kleinen Clown, daß die Osterhasen es in diesem Jahr einfach nicht geschafft hätten, alle benötigten Ostereier zu bemalen.

Jetzt machte der kleine Clown einen Luftsprung. Er hatte eine tolle Idee. „Die Elefanten werden beim Bemalen helfen", versprach er. Und bald schleppten über zwanzig Osterhasen Körbe voller Eier in das Elefantenzelt.

Der kleine Clown rührte wie ein Weltmeister in großen Eimern Farbe an, und dann geschah es, daß nicht Osterhasen, sondern Elefanten Ostereier bunt färbten. Das funktionierte ganz einfach: Die Elefanten tauchten ihre Rüssel in die Farbtöpfe und bespritzten damit die Eier in den Körben. Da jeder der sieben Elefanten die Ostereier mit einer anderen Farbe bespritzte, wurden die Ostereier unglaublich bunt und schön. Die ganze Arbeit war in kürzester Zeit erledigt, die Osterhasen bedankten sich herzlich und schenkten jedem Elefanten zehn bunte Ostereier. Dem kleinen Clown, der ja die tolle Idee zu dieser Aktion gehabt hatte, schenkten sie sogar zwanzig Ostereier. Der kleine Clown brauchte jetzt nicht mehr seinen goldfarbenen Bällen nachzutrauern, sondern konnte immer mit bunten Ostereiern jonglieren.

Ein kleines Problem allerdings gab es noch: Die Elefanten hatte ja ihre Rüssel in die Farbtöpfe getaucht und mußten feststellen, daß sich die Farbe nicht so einfach entfernen ließ. Die Elefanten mußten nun wohl oder übel in den nächsten Tagen mit bunten Rüsseln auftreten. Etwas peinlich war das den Elefanten schon, doch wenn Elefanten erröten, so kann man das nicht erkennen, weil sie ja eine graue Faltenhaut haben. Doch eigentlich brauchte die Sache den Elefanten gar nicht peinlich zu sein: Die Menschen im Zirkus klatschten begeistert Beifall, als sie die herrlich bunten Elefantenrüssel sahen. Sogar der dicke Zirkusdirektor klatschte begeistert mit.

Nur ein Elefant konnte sich nicht so richtig freuen: Er hatte sich erkältet und mußte laufend niesen. Das kam daher, daß in seinem Farbtopf die Farbe einfach zu kalt gewesen war, so daß er sich tüchtig verkühlt hatte. Der kleine Clown kurierte die Erkältung mit dreißig Liter Kamillentee.

Wenn Kinder zu Ostern ganz besonders bunte Ostereier finden, so könnte es sein, daß sie nicht von Osterhasen, sondern von Elefanten bemalt sind. Und wenn in einem Zirkus ein kleiner Clown auftritt, der mit Ostereiern jongliert, so ist es mit Sicherheit der kleine Clown, von dem in dieser Geschichte die Rede ist.

Bianca, die Zauberkatze

Ein Mann ging einmal eine Straße entlang und sah auf einer Mauer eine Katze sitzen. Die Katze hieß Bianca und war wunderschön, schöner und anmutiger als die meisten Katzen auf der Welt. Sonnenstrahlen spielten mit dem Fell der Katze und machten Bianca noch schöner.

Die Katze ging auf den Mann zu, sah ihm in die Augen und verzauberte ihn. Der Mann und die Katze redeten lange miteinander und vergaßen dabei ihre Umwelt. Später fuhren sie beide zu einem alten Haus, in dem Bianca in einer großen Wohnung lebte. Dort saßen beide, der Mann und die wunderschöne Katze, und sprachen über hunderttausend Dinge, eine ganze dunkle Nacht lang. Sie tranken Wein, aßen, entzündeten Kerzen, waren glücklich, taten verrückte Sachen, lachten, tanzten und sangen, holten den Mond und die Sterne in das Zimmer und warfen sie zum Himmel zurück, schwammen im Meer ihrer Träume und hörten afrikanische Musik aus der Heimat der Katze Bianca.

Da die Katze in ihre Heimat zurückkehren wollte, fragte sie den Mann, ob er mitkommen und mit ihr in einem fernen Land in einem großen Haus wohnen wolle. Im Garten würden Astern blühen, die Lieblingsblumen des Mannes, der als Kind einmal in einem Haus mit einem Garten voller Astern gelebt hatte.

Der Mann fühlte sich auf einmal übermächtig stark, es war, als würde er auf einer weißen Wolke sitzen und ganz hoch am Himmel dahintreiben.

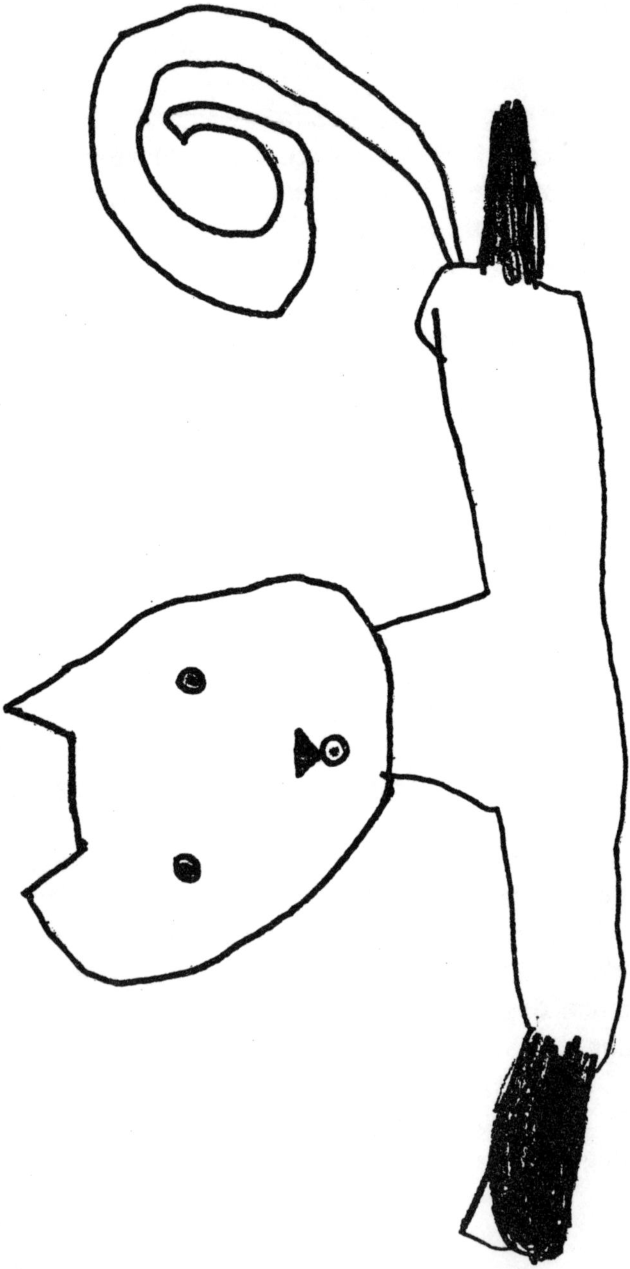

Da dachte der Mann: „Kann und will ich in dieser anderen Welt, der Welt der Katze Bianca, leben?" Er mußte über sich selbst lächeln und kletterte langsam von seiner weißen Wolke herunter.

Da sah er, wie in den wunderschönen großen Augen der Katze Tränen schimmerten. Der Mann nahm aus einer Vase eine Blume und fing damit eine Träne auf. Dabei bemerkte er, daß auch er Tränen in den Augen hatte, und jetzt nahm die Katze die Blume und fing damit eine Träne des Mannes auf.

Der Mann und die Katze waren erschöpft und müde und legten sich schlafen. Die Katze schmiegte sich eng an den Mann und schnurrte.

Der Mann wachte zuerst auf, die Katze schlief noch. Der Mann nahm die Blume, die auf einem Bild lag, das die Katze von sich selbst gemalt hatte, und legte sie auf das Kopfkissen des Tieres. Die Katze mußte niesen und sagte laut: „Hatschi!". Sie reckte und streckte sich und schlief weiter.

Der Mann verließ das Haus der Katze und ging durch viele Straßen. Dabei merkte er, daß ein kleines Stück seines Herzens der schönen Katze Bianca gehörte.

Und wenn die Katze in ihre Heimat zurückgekehrt ist, wird sie einen hohen Berg, den Tafelberg in Südafrika, besteigen, dort die Blume dieser Nacht niederlegen und an den Mann denken. Das hat sie ihm jedenfalls versprochen.

Der unternehmungslustige Jackenknopf

Ein kleines Mädchen, das gerade in die dritte Schulklasse gekommen war, bemerkte eines Tages, daß an ihrer Jacke ein Knopf fehlte. Sie glaubte, ihn verloren zu haben, und war ganz traurig, weil es ein so schöner roter Knopf gewesen war.

In Wirklichkeit hatte das kleine Mädchen den Knopf jedoch gar nicht verloren. Dem roten Knopf, der sehr unternehmungslustig war, wurde es an der Jacke des Mädchens einfach zu langweilig, er wollte nicht immer an derselben Stelle festgenäht sein, sondern lieber selbst die Welt erkunden. Also war er abgesprungen – was nicht weiter schwierig war, da er ohnehin schon sehr lose saß (er hätte längst wieder richtig fest angenäht werden müssen) und rannte die Hauptstraße im Dorf entlang zur Bushaltestelle. Er genoß seine Freiheit, denn jetzt konnte er tun, was er wollte.

Er fuhr mit dem alten Rumpelbus in die nächste Stadt und sah sich einen Tag lang die Schaufensterauslagen in den vielen Geschäften an. Abends besuchte er ein fetziges Rockkonzert, übernachtete unter einer großen Brücke (da es Sommer und warm war, brauchte er noch nicht einmal eine Decke), und am nächsten Tag ging er in den Zoo.

Aber schon jetzt bekam er etwas Heimweh nach dem kleinen Dorf und vor allem Sehnsucht nach dem kleinen Mädchen, das ihn sicher schon vermissen würde. Da diese Sehnsucht immer stärker wurde, lief er schließlich zur Bushaltestelle und fuhr zurück ins Dorf.

Als er das kleine Mädchen sah, blieb er erschreckt stehen: Die Mutter des Mädchens hatte in der Zwischenzeit einen neuen Knopf angenäht, und für ihn, den unternehmungslustigen roten Knopf, war kein Platz mehr an der Jacke des kleinen Mädchens.

Doch als das kleine Mädchen den roten Knopf ganz erstarrt vor sich stehen sah, nahm sie ihn in die Hand – sie freute sich natürlich über das Wiedersehen – und lief zu ihrer Mutter. Da das kleine Mädchen den Knopf gern wieder an ihrer Jacke haben wollte, nähte die Mutter den roten Knopf einfach zusätzlich an die Jacke, was sogar sehr schick aussah.

Und der rote Knopf konnte jetzt dem kleinen Mädchen in aller Ruhe von seinem Ausflug in die große Stadt berichten.

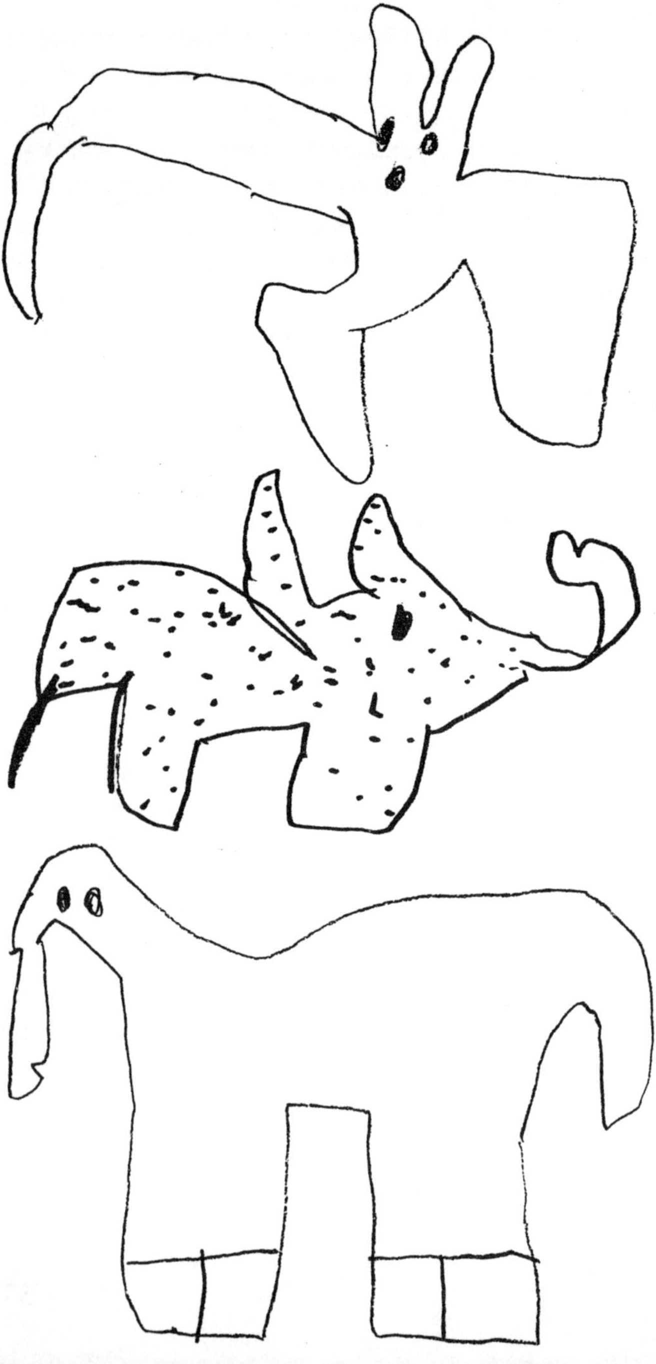

Vom Elefanten, der ausbrach

Im Zoo lebte ein Elefant, dem es dort immer langweiliger wurde. Eines Tages hatte er vom Zoo sozusagen den Rüssel voll und brach aus.

Es war ein afrikanischer Elefant, und er hatte Heimweh nach seinen Artgenossen im fernen Afrika. Wie aber sollte er nach Hause kommen?

Er überlegte sich, daß es am besten wäre, ein Flugzeug zu nehmen. Nun lag aber der Flughafen weit draußen vor der Stadt, und für den Elefanten war es gar nicht einfach, dort hinzukommen. Er war viel zu groß und dick, um mit der Straßenbahn oder mit einem Taxi zu fahren. So mußte er sich zu Fuß auf den Weg zum Flughafen machen.

Er war von der langen Lauferei schon ganz müde, als er endlich am Flughafen ankam. Er suchte sich ein schönes, großes und bequemes Flugzeug und wollte damit nach Afrika fliegen. Doch die Leute am Abfertigungsschalter sagten ihm, daß sie einen so großen, dicken und schweren Elefanten nicht befördern könnten, und nun saß der Elefant betrübt und ratlos in der großen Halle des Flughafens.

Da bemerkte er ein kleines Mädchen, das mit seinen Eltern in den Urlaub fliegen wollte, und wie das Leben so spielt, das Urlaubsziel war Afrika. Der Elefant freundete sich mit dem Mädchen an, und erzählte ihm von seinen Problemen. Das kleine Mädchen versprach, nach einem Weg zu suchen, daß der Elefant mitfliegen könnte. Sie empfahl ihm, zunächst einmal tief auszuatmen, damit er kleiner würde. Der

Elefant bemühte sich, nach Kräften auszuatmen, doch mußte er dann ganz schnell wieder einatmen, weil ihm schon ganz schwindlig geworden war, und es zeigte sich schnell, daß dieses Verfahren überhaupt nichts brachte. Ratlos standen das kleine Mädchen und der Elefant in der Flughafenhalle.

Schließlich, als es schon sehr knapp mit der Zeit wurde, versuchte es das Mädchen mit einem Zauberspruch, den es vor einiger Zeit gelesen hatte. Und siehe da: Diesmal klappte es. Der große Elefant schrumpfte in Sekundenschnelle zur Größe eines kleinen Spielelefanten zusammen, und das Mädchen konnte ihn bequem im Puppenkoffer verstauen.

Nach einem Flug, der mehrere Stunden dauerte und bei dem der Elefant schon etwas Atemnot in dem kleinen Puppenkoffer bekam, landete das Flugzeug schließlich in Afrika. Eigentlich wollte der Elefant nun gleich zu den anderen Elefanten in der Steppe weitermarschieren, doch ergab sich jetzt das Problem, durch welchen Zauberspruch er wieder zu einem großen Elefanten werden würde. Das Mädchen kannte nur den einen, und durch diesen wurden Lebewesen und Gegenstände lediglich kleiner. Nun war guter Rat teuer. Natürlich wollte der Elefant nicht immer so klein bleiben.

Eines Abends, als das Mädchen mit ihrer Großmutter im fernen Deutschland telefonierte, bat sie diese, ihr schnellstens per Luftpost das großformatige Buch aus ihrem Kinderzimmer zu schicken, in dem sie den einen Zauberspruch gelesen hatte. Zwei Tage später traf das Buch tatsächlich auch in Afrika ein, und den ganzen Nachmittag über blätterte das Mädchen in dem Buch, um vielleicht einen anderen Zauberspruch zu finden, der dem Elefanten wieder zu seiner alten Größe verhelfen würde. In der Zwischenzeit saß der Elefant auf dem Fensterbrett und sah traurig dem bunten Treiben am Swimming-Pool des Hotels zu.

Endlich, auf der vorletzten Seite des dicken Buches, fand das Mädchen einen zweiten Zauberspruch. Als sie ihn vorlas, begann der Elefant sofort größer und größer zu werden, und mit einem schnellen Sprung mußte er das Fensterbrett verlassen, sonst wäre dieses unter seinem Gewicht zusammengebrochen.

Der Elefant hatte große Mühe, das Hotel zu verlassen, denn für einen so großen und dicken Elefanten waren die Hotelkorridore und -treppen doch recht eng. Endlich stand der Elefant wohlbehalten im Hotelgarten und atmete befreit auf. Er freute sich mächtig, daß er wieder groß geworden war und nun zu seiner Elefantenfamilie aufbrechen konnte.

Zum Abschied gab er dem Mädchen mit seinem Rüssel einen Kuß, der ganz feucht war, weil Elefanten immer feuchte Küsse geben.

Der weiße Vogel Wundersam

Es passiert überall auf der Welt, daß Kinder abends in ihrem Bett nicht einschlafen können.

So war es auch bei Klaus, der in seinem Bett lag und eigentlich überhaupt noch keine Lust hatte, jetzt einzuschlafen, obgleich es draußen schon sehr dunkel war. Plötzlich sah er draußen vor dem Fenster den weißen Vogel Wundersam.

Klaus stand leise auf, öffnete das Fenster und streichelte sanft das weiche Gefieder des Vogels. Dieser sah ihn aufmunternd an, nickte kurz mit dem Kopf und dann hatte Klaus verstanden: Er kletterte auf den Rücken des weißen Vogels Wundersam, der übrigens nur nachts unterwegs ist, kuschelte sich gemütlich in das weiche Gefieder, und dann flog er mit dem Vogel davon.

Zunächst einmal flogen sie ganz weit zu Maurice Sendaks wilden Kerlen. Diese freuten sich sehr, als Klaus ankam, denn Max aus Sendaks berühmter Geschichte „Die wilden Kerle“ war ja schon längst wieder bei seiner Mutter, und die wilden Kerle hatten niemand zum Spielen. Sie wollten Klaus zu ihrem König machen, doch dieser wehrte entschieden ab, denn in dieser Nacht wollte er zusammen mit dem weißen Vogel Wundersam noch eine weite Reise machen. Sie flogen in der ganzen Welt herum, nach Amerika zu den Indianern, nach Afrika zu den afrikanischen Elefanten und nach Indien zu den indischen Elefanten, zum Nordpol zu den Eisbären, die Klaus zur Begrüßung kalte Küsse gaben, weil es am Nordpol ja immer kalt ist, dann zu den Krokodilen am Nil, zu den Mongolen in den Steppen Asiens, bei denen Klaus auf den Pferden reiten durfte.

Als der Morgen graute, brachte der weiße Vogel Wundersam Klaus wieder zurück nach Hause in sein Bett.

Klaus war von der langen und doch recht anstrengenden Reise und von den vielen Erlebnissen so müde, daß er sofort einschlief.

Und als er morgens aufwachte, wußte er nicht, ob er alles nur geträumt oder wirklich erlebt hatte.

Das Pferd Zuckerschnauze

Zuckerschnauze war ein schwarzes Pferd mit einem kleinen weißen Fleck auf der Brust. Es lebte auf einer großen Weide und hatte den Namen Zuckerschnauze bekommen, weil es so gern Zucker fraß.

Nun ist es aber für ein Pferd, das auf der Weide lebt, gar nicht so einfach, an Zucker heranzukommen. Manchmal kamen Menschen – meistens Kinder aus der Nachbarschaft – vorbei und gaben Zuckerschnauze einige Zuckerstückchen, doch das reichte dem Pferd nicht aus. Es wollte immer mehr Zucker.

Eines Tages fuhr der Lastwagen einer Zuckerfabrik vorbei. Zuckerschnauze gingen vor Freude die Augen über. Ohne Mühe übersprang das Pferd den Weidezaun und galoppierte hinter dem Lastwagen her. Dieser fuhr zum Glück sehr langsam, so daß Zuckerschnauze das Auto schnell einholte. Es sprang mit einem Satz auf die Ladefläche, öffnete mit den Hufen einen Zuckersack und futterte nach Herzenslust den geliebten Zucker. Der Lastenwagenfahrer hatte von allem nichts gemerkt.

Als Zuckerschnauze genug hatte, legte es sich müde auf die Zuckersäcke und schlief sofort ein. Der Lastwagenfahrer fiel fast in Ohnmacht, als er am Fahrtziel das schlafende schwarze Pferd bemerkte, das zum Überfluß auch noch furchtbar schnarchte. Und ein Sack Zucker fehlte!

Mühsam weckte der Mann das Pferd und erzählte ihm, daß er den fehlenden Sack Zucker bezahlen müßte. Sein Chef sei da sehr streng.

Da sah Zuckerschnauze am Straßenrand ein großes Schild, dem zu entnehmen war, daß nachmittags in der Stadt ein Pferderennen stattfinden würde. Zuckerschnauze entschloß sich augenblicklich, bei diesem Rennen zu starten. Vielleicht würde es gewinnen, und von dem gewonnenen Geld ließe sich leicht der Sack Zucker bezahlen.

Zuckerschnauze startete bei dem Rennen mit dem angstschlotternden Lastwagenfahrer als Jockey (dieser hatte noch nie auf einem Pferd gesessen). Natürlich gewann Zuckerschnauze das Rennen.

Das Tollste aber war, daß Zuckerschnauze nicht nur den einen Sack Zucker zahlen konnte: Von dem gewonnenen Geld konnte sich das schwarze Pferd mit dem kleinen weißen Fleck auf der Brust noch 31 Säcke Zucker kaufen, und die würden erst einmal für einige Zeit reichen...

Der kleine Wichtigtuer

Es war einmal ein kleiner Mann, der in einem Büro arbeitete. Doch diese Tätigkeit befriedigte ihn nicht. Er wollte, daß sein Name in der Öffentlichkeit bekannt wurde und gründete einen Zirkus.

Es war kein richtiger Zirkus mit Artisten und Tieren aus vielen Ländern, sondern dieser Zirkus sollte nur der Selbstdarstellung des kleinen Mannes dienen. Er spielte alle Rollen selbst, war – natürlich – Zirkusdirektor, spielte die Rolle der Zirkusmusiker, des Ansagers, verkörperte die Artisten und schlüpfte auch in die Gestalt des Clowns, die schwierigste Rolle in einem Zirkus.

Am meisten freute sich der kleine Mann darüber, daß in großen Leuchtbuchstaben sein Name über dem Zirkus prangte. Und manchmal stieg er nachts aus dem Bett, knipste die Leuchtschrift an und starrte lange auf seinen Namen.

Die meisten erwachsenen Zirkusbesucher erkannten nicht die Absicht des kleinen Mannes und klatschten laut Beifall. Nur die Kinder durchschauten ihn und waren traurig, weil sie einen solchen Zirkus nicht mochten.

Die Kinder gingen fort, versammelten sich in einem großen Garten und ließen in ihrer Phantasie ihren eigenen Zirkus entstehen. Stoffreste an Baumzweigen bildeten das Zirkusdach, Blätter und Sträucher waren die Tiere, in die Erde gesteckte Zweige die Artisten.

Und dieser Zirkus der Kinder war viel ehrlicher als der des kleinen Mannes.

Die braun-weiß gefleckte Kuh

In einer großen Stadt lebte eine braun-weiß gefleckte Kuh, die Heimweh nach den Bergen hatte. Sie stammte aus den fernen Alpen und wollte zumindest ihren Freunden dort schreiben, hatte aber kein Geld, um sich Briefmarken zu kaufen.

Da ging sie in ein Postamt und fragte, ob sie nicht mit ihrer breiten Zunge die Briefmarken anlecken dürfte, die die Leute dort kauften und für ihre Postsendungen verwandten. Da die Postbeamten von dieser Hilfe begeistert waren, kam die Kuh nun jeden Tag ins Postamt und leckte die Briefmarken ab. Die Postbeamten und natürlich auch die Postkunden zeigten sich erkenntlich, und die Kuh erhielt auf diese Weise etwas Geld, so daß sie sich eigene Briefmarken kaufen und ihren Freunden in den Alpen schreiben konnte.

Eines Tages nun wollte sie ihre Freunde besuchen, doch fehlte ihr natürlich auch das Geld für eine Fahrkarte. Da traf sie im Postamt einen Malermeister, der ein Haus anzustreichen hatte. Da ihm ein Gehilfe fehlte, bot sich die Kuh an, mit ihrer Schwanzquaste, die sie natürlich vorher in die Farbtöpfe tauchen würde, das Haus schön bunt anzustreichen. Begeistert willigte der Malermeister ein.

Das Haus bekam einen wunderschönen Anstrich, die Kuh viel Geld und sie konnte nun endlich damit eine Fahrkarte kaufen und zu ihren Verwandten und Freunden in die Alpen fahren. Dort steht sie noch heute auf einer grünen Wiese, tut sich am Klee gütlich und ist glücklich.

Elfe Mondblüte

Elfen sind, wie wir aus Märchen wissen, wunderschöne Zauberwesen, die nachts auf nebelumwobenen Wiesen zu überirdischer Musik und bleichem Mondschein Ringelreigen tanzen, sich gar zierlich an die schmalgliedrigen Hände fassen, manchmal sogar richtig betörend singen, während sich dabei im milden Nachtwind die weißen Elfengewänder bauschen...

Elfe Mondblüte war nun ein richtiger Elfen-Sonderfall. Sie war weder leichtfüßig noch durchsichtig, sondern dick und unbeholfen. Das kam daher, daß sie zuviel Schokolade und andere Süßigkeiten gegessen hatte. Das war ein altes Problem in ihrer Elfenfamilie, denn auch ihre Mutter, Elfe Mondschatten, hatte bei Süßigkeiten stets kräftig hingelangt und war – wie ihre Tochter Mondblüte – ziemlich unförmig. Die nächtliche Tanzerei machte Mutter Mondschatten und Tochter Mondblüte schon lange keinen Spaß mehr. Die weißen Rauschegewänder kniffen erbärmlich unter den Armen und vor allem am Bauch, und der nächtliche Elfentanz brachte Mutter und Tochter stets völlig außer Atem.

Als besonders ärgerlich empfanden es Mutter- und Tochterelfe, daß die Elfenväter an dem nächtlichen Mondtanz nicht beteiligt waren. Diese saßen gemütlich daheim, tranken ihr Bier und schliefen vor dem Fernseher ein. Denn auch das Elfen-Fernsehprogramm war nicht mehr das, was es einmal war.

Mutterelfe Mondschatten wurde eines Tages wegen chronischer Fettleibigkeit aus dem Elfenreigen

entlassen, doch auf Mondblütes Mitwirkung wollte man keineswegs verzichten, schon aus grundsätzlichen Erwägungen nicht. Was würde passieren, wenn noch andere Elfen der Fresserei verfielen? Dann müßte der Elfentanz ausfallen. Undenkbar! Der Elfenrat war entsetzt.

Elfe Mondblüte wurde vor eben diesen Elfenrat zitiert, und man befahl ihr in strengem Ton – nun, was denn wohl?: sofort abzunehmen.

Mondblüte kam ganz schön ins Schleudern. Keine Schokolade mehr, keine Bonbons, dafür Salat und vorzugsweise Mineralwasser. Elfe Mondblüte begann das ganze Elfendasein zu stinken. Ja, genauso, wie es Kindern manchmal stinkt, frühmorgens in die Schule und abends vorher dafür früh ins Bett gehen zu müssen.

Elfe Mondblüte entschied sich, einen ganz anderen Weg zu gehen. Mit der Abnehmerei klappte es sowieso nicht. Sie wechselte ins Menschenreich über. Elfen können das tun, wenn sie beim nächtlichen Mondtanz dreimal mit dem rechten Fuß gegen einen Tannenzapfen stoßen (diesen hatte Mondblüte natürlich vorsorglich bereitgelegt).

Elfe Mondblüte lebte jetzt im Menschenreich und saß tagsüber an der Kasse eines Supermarktes, denn irgendwie mußte sie ja auch Geld verdienen. Sonderlich erfreulich war diese Tätigkeit im Supermarkt allerdings auch nicht.

Elfe Mondblüte saß abends frustriert in ihrer Einzimmerwohnung, die ziemlich kärglich möbliert war, und überlegte, was mehr Befriedigung bringen könnte.

Da Elfen nun einmal über Zauberkräfte verfügen, entschied sich Mondblüte dafür, ein Büro für Menschenträume zu eröffnen: Menschen kamen zu ihr, sprachen über Wünsche, Vorstellungen und Hoffnungen, und in der darauffolgenden Nacht verwirklichten sich die Träume der Menschen in ihrem Traum: Geld war in Hülle und Fülle vorhanden, ein tolles Auto stand vor der Tür, Reisen führten durch verschiedene Kontinente, ein Buchhalter wurde Direktor einer großen Firma, eine Sekretärin heiratete endlich ihren Chef, jemand ritt auf einem weißen Pferd durch unendliche Wüsten...

Elfe Mondschein war traurig, daß sie nur Träume, aber nicht Wirklichkeit herbeizaubern konnte. Enttäuscht ging sie ins Elfenreich zurück.

Kinder, die diese Geschichte der Elfe Mondschein lesen oder vorgelesen bekommen, brauchen über das Schicksal der kleinen Elfe keineswegs traurig zu sein. Mondschein, die durch ihre anstrengende Tätigkeit im Menschenreich recht schlank geworden war, unterrichtete jetzt junge Elfen im Elfentanz, denn dieser Mondscheintanz ist für Elfen nun einmal Vorschrift, und bei dieser Arbeit war sie ganz zufrieden. Sie konnte auch wieder mit Genuß Schokolade knabbern, denn sie mußte aus Altersgründen nicht mehr selbst tanzen.

Und was nun? Eines Tages kam natürlich der schöne Prinz, küßte Elfe Mondschein auf das linke Ohrläppchen, und sofort verwandelte sich Mondschein in eine strahlend schöne Prinzessin, lebte mit dem schönen Prinzen auf einem schönen Schloß und gebar ihm viele schöne Kinder.

Hätte der schöne Prinz Elfe Mondschein auf das rechte Ohrläppchen geküßt, so hätte er sein blaues Wunder erlebt. Vielleicht hätte ihn Mondschein dann trotzdem geheiratet, aber nur vielleicht, möglicherweise hätte sie von ihm Kinder bekommen, aber auch nur möglicherweise, und wenn, hätte sie ihn vielleicht doch nicht geheiratet. Warum soll man unbedingt einen Mann heiraten, von dem man ein Kind bekommt? Und vielleicht hätte Mondschein wieder eine Stellung angenommen, vielleicht sogar Kurse der Volkshochschule besucht oder gar das Abitur nachgeholt.

Von alledem wußte der schöne Prinz nichts. Er hatte Elfe Mondschein ja auf das linke Ohrläppchen geküßt...

Übrigens: Elfen dürfen sich jedes Jahr einen neuen Namen aussuchen. Deshalb hat sich in dieser Geschichte Elfe Mondblüte in Elfe Mondschein umbenannt. Habt ihr diesen Namenswechsel eigentlich bemerkt?

Die Schaufensterpuppen

Schaufensterpuppen stehen zumeist tagaus, tagein leblos im Schaufenster. Doch bei den Schaufensterpuppen des kleinen Warenhauses an der Ecke war es ganz anders.

Nacht für Nacht, wenn im Schaufenster die Lichter erloschen waren, erwachten hier die Schaufensterpuppen zum Leben, erzählten sich Geschichten, wanderten im Kaufhaus herum, naschten auch schon einmal in der Lebensmittelabteilung und hatten vor allem in der Spielzeugabteilung viel Spaß.

Wie schon erwähnt, am liebsten hielten sich die Schaufensterpuppen in der Spielwarenabteilung auf. Da ihre Finger und Gelenke vom langen Herumstehen während des Tages im Schaufenster noch ziemlich steif waren, hatten sie stets einige Mühe, die kleinen Spielzeugautos aufzuziehen, mit denen sie – obgleich sie erwachsene Schaufensterpuppen waren – eigentlich am liebsten spielten. Bei Computerspielen, bei denen man ja im wesentlichen nur auf Knöpfe drükken muß, hätten die Schaufensterpuppen natürlich nicht so viele Probleme gehabt, doch befanden sie sich nun einmal in einem Kaufhaus, das diese modernen Dinger noch nicht führte, in dem also Spielzeugautos von Hand aufgezogen werden mußten, um sich in Bewegung zu setzen.

Und dann gab es eines Nachts eine Riesenaufregung unter den Schaufensterpuppen. Sie veranstalteten gerade ein spannendes Autorennen, als plötzlich merkwürdige Geräusche aus der unteren

Etage zu hören waren. Die Schaufensterpuppen schlichen vorsichtig die Treppe hinunter und stießen unten auf einen völlig überraschten Einbrecher.

Was sollte nun geschehen? Hatten Schaufensterpuppen schon einmal die Polizei gerufen? Möglicherweise würden die Polizisten dann den Schock ihres Lebens bekommen, denn diese wußten ja nicht, daß vor vielen Jahren einmal eine Fee an den Kaufhausschaufenstern vorbeigegangen war und den Schaufensterpuppen durch ihren Zauberspruch zu nächtlichem Leben verholfen hatte. Sollten sie dies alles der Polizei erklären?

Es war schon mühevoll genug, dem verstörten Einbrecher einigermaßen verständlich zu machen, warum es in diesem Kaufhaus Schaufensterpuppen gab, die sprechen und sich bewegen konnten und überdies noch mit Aufziehautos spielten.

Und weil der Einbrecher hoch und heilig versprach, niemals mehr einzubrechen, entschieden sich die Schaufensterpuppen, ihn gehen zu lassen. Sie ließen ihn durch eine kleine Seitentür hinaus, in der stets von innen der Schlüssel steckte. Als Dank dafür versprach der Einbrecher, drei Monate lang jeden Abend um 22.00 Uhr durch ebendiese Tür ins Kaufhaus zu kommen, um den Schaufensterpuppen beim Aufziehen der Spielzeugautos zu helfen. Das war natürlich für die Schaufensterpuppen eine große Erleichterung, denn mit dem Aufziehen hatten sie ja schon immer gewisse Schwierigkeiten gehabt. Und jetzt hatten sie durch die Hilfe des ehemaligen Einbrechers viel mehr Zeit zum Spielen.

Während der drei Monate konnte der einstige Einbrecher nur an zwei Tagen nicht kommen. Da lag er mit einer Grippe im Bett.

Dackel Schnappzahn

Dackel Schnappzahn lebte bei einer ältlichen Dame, und seinen Namen hatte er dadurch erhalten, daß er nach allen Besuchern schnappte, die er nicht leiden konnte.

Über seinen Namen war Dackel Schnappzahn nicht gerade glücklich. Doch was sollte man dagegen machen?

In einer total finsteren Nacht, der Sturm heulte um das Haus, stieg ein Einbrecher durch ein eingeschlagenes Fenster genau in das Schlafzimmer der ältlichen Dame. Schnappzahn schlief wie üblich auf dem Bettvorleger, hörte ein verdächtiges Geräusch und war sogleich wach.

Schnappzahn schoß wütend auf den Einbrecher zu, schnappte nach ihm, und dieser stürzte sich schreckensbleich mit einem kühnen Kopfsprung aus dem Fenster. Die ältliche Dame war von dem Lärm erwacht, streichelte und lobte Schnappzahn und gab ihm sogar drei Hundekuchen.

Dackel Schnappzahn war auf einmal richtig stolz auf seinen Namen, denn immerhin hatte er ja einen Einbrecher vertrieben, für einen Dackel doch eine recht beachtliche Leistung.

Da er jetzt seinen Namen fast als eine Art Ehrenbezeichnung auffaßte, unterließ es Schnappzahn in Zukunft auch, nach den Besuchern zu schnappen, die er nicht mochte. Nur Menschen, die ihm ganz besonders zuwider waren, kniff er noch leicht in die Wade. Er tat dies beispielsweise bei der Schwester der ältli-

chen Dame, die regelmäßig einmal im Monat zum Kaffee kam und genauso regelmäßig auf Hunde im besonderen und Dackel im speziellen schimpfte. Schnappzahn wartete stets ab, bis sie mit spitzen Fingern die Kaffeetasse an den erwartungsvoll gespitzten Mund führte, dann kniff er zu. Jedesmal krachte die Kaffeetasse zu Boden, die Besucherin kreischte auf und verließ schleunigst das Haus.

Auf diese Weise verschwand endlich auch das schrecklich rotgepunktete Kaffeegeschirr aus dem Haus, das Dackel Schnappzahn noch niemals hatte leiden können...

Die Spinne Jonathan

Die Spinne Jonathan lebte auf dem staubigen Dachboden eines uralten Hauses und webte gemütlich ihre Spinnennetze. Nichts störte hier ihren Frieden.

Dann bemerkte sie eines Tages, daß immer mehr Familien aus dem Haus auszogen. Sie hörte auch, daß das schon etwas baufällige Haus abgerissen werden sollte.

Im obersten Stockwerk wohnte ein alter Mann, der nicht ausziehen wollte. Einmal hatte er fast sein ganzes Leben lang in diesem Haus gewohnt, zum anderen hatte er kein Geld für den Umzug und die Einrichtung einer neuen Wohnung, von der viel höheren Miete ganz zu schweigen.

Die Spinne Jonathan, die natürlich eine Zauberspinne war, beschloß, dem alten Mann zu helfen.

Jonathan fand auf dem Dachboden eine Spiegelscherbe, webte diese in ein besonders großes und haltbares Spinnennetz ein und wartete, bis die Strahlen der untergehenden Abendsonne in die Spiegelscherben fielen. Dann murmelte sie einen Zauberspruch aus dem uralten Spinnen-Zauberbuch, und sogleich polterten Goldstücke auf den Dachboden.

Der alte Mann wurde von diesem Geräusch aufgeschreckt und ging auf den Dachboden, um zu sehen, was dort los war. Er fand die Goldstücke und konnte davon mühelos den Umzug und auch die höhere Miete bezahlen. Die Spinne Jonathan nahm er natürlich mit. Er setzte sie für den Transport in einen großen Kasten. Nur die Spinnennetze ließen sich nicht mitnehmen, da sie beim Anfassen von Menschenhand zerrissen.

Jonathan erhielt in der neuen Wohnung einen ziemlich großen Abstellraum als ihr eigenes Reich. Hier konnte sie ungestört weiterspinnen, und es gefiel ihr sogar noch besser als auf dem Dachboden. Einmal regnete es hier nicht durch wie früher auf dem Dachboden (und Spinnen mögen Wasser nicht sonderlich), zum anderen konnte Jonathan jeden Morgen mit dem alten Mann einen kleinen Plausch halten, wenn dieser den Besen aus dem Abstellraum holte.

Jutta und der Walfisch

Jutta war ein kleines Mädchen, das mit ihren Eltern auf einem Dampfer nach Amerika fuhr.

Die Eltern hatten Jutta verboten, allein auf dem großen Oberdeck herumzulaufen, doch natürlich kümmerte sich das Mädchen nicht um die Anweisungen und Ermahnungen der Eltern.

Bei einem Riesenwindstoß wurde das kleine Mädchen eines Tages ins Wasser gepustet. Es sank aber nur etwa bis zu den Knien in das salzige Meerwasser, dann spürte Jutta etwas Weiches unter den Füßen und konnte stehen.

Sie war auf einem riesigen Walfisch gelandet. Dieser schwamm jetzt ganz an der Wasseroberfläche, so daß sich das Mädchen gemütlich auf dem großen Rücken ausstrecken konnte, damit erst einmal Schuhe und Strümpfe trockneten.

Der Wal versuchte, sich mit dem kleinen Mädchen zu unterhalten, doch klappte das nicht so richtig. Möglicherweise konnte jedoch der Wal die Sprache des kleinen Mädchens verstehen, denn hin und wieder wedelte er, als Jutta mit ihm redete, bestätigend mit der Schwanzflosse.

Jutta bat den Walfisch, unbedingt den Dampfer einzuholen, auf dem sich ihre Eltern befanden. Diese würden sich wegen ihres plötzlichen Verschwindens bestimmt schon große Sorgen machen.

Der Wal wedelte wieder und diesmal sehr energisch mit der Schwanzflosse und steigerte deutlich sein Schwimmtempo. Jutta mußte sich festhalten,

damit sie nicht vom Walrücken herunterfiel. Und es ist gar nicht so einfach, sich auf einem glatten Walrücken festzuhalten.

Schließlich kam der Dampfer in Sicht. Der Wal schwamm jetzt ganz ruhig neben dem Schiff, und dann stieß er, wie das Wale beim Auftauchen tun, wasserdampfreiche Atemluft aus. Jutta erkannte ihre Chance, sprang mutig in diese in vielen Farben leuchtende Fontäne und ließ sich von ihr bis zum Schiffsdeck hinauftragen. Alles ging sehr schnell, und sie hatte noch nicht einmal Zeit, sich von dem hilfsbereiten Walfisch zu verabschieden.

Juttas Eltern hatten ihr Verschwinden noch gar nicht bemerkt. Sie erzählte ihren Eltern nichts von ihrer wundersamen Seereise, denn die hätten ihr sowieso nicht geglaubt.

Jutta nahm sich vor, auf jeden Fall die Walfischsprache zu erlernen, für den Fall, daß sie wieder einmal von einem Dampfer fallen würde. Und dann wollte sie sich zumindest mit dem Walfisch unterhalten können.

Kalinchen und Kelinchen

Es waren einmal zwei Wellensittiche, ein Weibchen, das hieß Kalinchen, und ein Männchen, das hieß Kelinchen.

Sie lebten in zwei Käfigen, die in einem Wohnzimmer standen, und das Problem war, daß beide sehr ineinander verliebt waren. Da die beiden Käfige jedoch weit auseinander standen, konnten sich die beiden Vögel nur sehnsüchtige Blicke zuwerfen und sich in ihrer Vogelsprache unterhalten.

Dies führte nun dazu, daß die Vogelgespräche den ganzen Tag über anhielten und auch in ziemlicher Lautstärke geführt wurden – Wellensittiche reden nun einmal nicht sehr leise –, so daß diese Unterhaltungen der ganzen Familie ziemlich auf die Nerven gingen.

Eines Tages, als die Vogelunterhaltung wieder sehr lautstark geführt wurde, stellte die Mutter die beiden Käfige einfach in ein anderes Zimmer. Da es hier nur ein kleines Tischchen gab, standen die beiden Vogelkäfige jetzt dicht beieinander, was die Lautstärke der Unterhaltung sehr dämpfte. Und da das Tischchen so klein war, daß der eine Vogelkäfig nicht richtig abgestellt werden konnte und immer ein wenig wackelte, setzte die Mutter schließlich Kalinchen und Kelinchen zusammen in einen Käfig. Die Familie hatte jetzt gar keine Probleme mehr mit den Vogelgesprächen, denn beide Tiere saßen den ganzen Tag schmusend auf einer Stange. Natürlich wurde dann der Käfig auch sehr bald wieder ins Wohnzimmer gestellt, da es jetzt ja keine nervigen Vogelplauderstunden mehr gab.

Und auch heute noch sitzen Kalinchen und Kelinchen schmusend auf der Stange, wie das verliebte Wellensittiche nun einmal tun.

Das Schwein, das fliegen wollte

Auf einem wunderschönen alten Bauernhof lebte ein ziemlich dickes Schwein und hatte nur einen einzigen Wunsch: fliegen zu können. Die anderen Tiere des Bauernhofes lachten das Schwein aus, doch dieses hielt an seinem Wunsch fest. Es wollte unbedingt fliegen können.

Eines Tages, als es gerade nachdenklich in der Sonne lag, hatte das Schwein eine tolle Idee. Es fragte die Hühner, die eifrig im Gras herumscharrten, ob es nicht einige Federn haben könnte, denn daraus ließen sich vielleicht Flügel basteln. Zwar schenkten die Hühner dem Schwein bereitwillig eine größere Menge Federn, doch reichten die Hühnerfedern nicht aus, um daraus die benötigten Flügel zu basteln.

Kurzentschlossen wandte sich das Schwein an die Enten und Gänse und bat ebenfalls um einige Federn. Nach lautem Geschnatter hatten Enten und Gänse ein Einsehen und schenkten dem dicken Schwein verschiedene besonders schöne und große Federn. Sogar ein auf dem Bauernhof lebender Pfau, der sonst immer sehr stolz und unnahbar tat, steuerte einige Federn bei, die herrlich schillerten.

Fast drei Tage war das dicke Schwein nun damit beschäftigt, aus allen Federn zwei Flügel zu basteln. Von den Bienen hatte es sich Honig und Wachs aus den Waben erbeten und auch erhalten und mit dieser Mischung, ergänzt noch durch etwas Lehm vom nahen Fluß, konstruierte es zwei prächtig aussehende Flügel.

Das dicke Schwein klebte sich die beiden Flügel an die Schultern, wobei das gar nicht so einfach war. Das Schwein schwitzte nämlich fürchterlich vor Aufregung, so daß die Flügel auf der feuchten Schweinehaut nicht richtig festkleben wollten.

Schließlich waren die Flügel aber doch befestigt, und das Schwein kletterte am frühen Morgen ächzend und grunzend auf einen hohen Baum, um von dort für den Flug den nötigen Schwung zu kriegen. Unter dem Baum standen die meisten Tiere des Bauernhofes und verdrehten voller Schreck die Augen, als sich das dicke Schwein plötzlich mit allen vier Beinen kräftig von einem großen Ast abstieß und wie eine unförmige rosige Kanonenkugel in die Luft schoß.

Die Sache hatte geklappt. Das Schwein bewegte begeistert die beiden Flügel, die mit Stricken mit den beiden Vorderfüßen verbunden waren, und stieg immer höher und höher. Dabei kam es der Sonne immer näher und näher und bemerkte nicht, daß es heißer und heißer wurde.

Die Hitze ließ langsam die Verklebung der Flügel schmelzen, und dann tat es einen mächtigen Schlag, und die Flügel fielen ab und segelten zur Erde zurück. Das dicke Schwein verhielt einen Augenblick fast regungslos in der Luft, dann quiekte es erschreckt und verstört, und dann ging es unaufhaltsam abwärts.

Zum Glück landete es unten in einem Teich in der Nähe des Bauernhofes. Der Sturz wurde im übrigen noch von den Seerosen gemildert, die auf dem Wasser schwammen. Das Schwein hatte von der Fliegerei die Schnauze voll, voller Wasser und Schlamm war sie allemal. Warum müssen dicke Schweine auch fliegen wollen?

Albert, der Hacula

Dracula, ein uralter Vampir (Vampire sind die, die mit Begeisterung Menschen irgendwo hinbeißen), hatte im Laufe der Jahrhunderte stumpfe Zähne gekriegt, so daß es mit der Beißerei nicht mehr so recht klappen wollte. Zum anderen ärgerte er sich darüber, daß er von den Menschen gefürchtet und nicht gemocht wurde.

Die ganze Vampirerei war im übrigen nicht mehr zeitgemäß. Mittlerweile gab es Autos und Flugzeuge, und letztere flogen allemal schneller als ein Vampir, der sich nachts in eine Fledermaus verwandelte. Alles wurde dem alten Dracula allmählich zu mühsam: das nächtliche Wolfsgeheul, das er aufgrund jahrhundertealter Dracula-Bestimmungen von Zeit zu Zeit anstimmen mußte, das Verschwinden beim ersten Hahnenschrei, das Meiden des Sonnenlichts, das ein Dracula nun einmal nicht vertragen konnte... Auch ein Dracula kommt in die Jahre, und heute nacht taten ihm wieder die Eckzähne furchtbar weh...

Irgendwie hatte Dracula keine Lust mehr zu seinem Vampir-Dasein. Hinzu kam, daß das alte Schloß, in dem er wohnte, immer mehr verfiel. Und er hatte kein Geld, um die notwendigen Reparaturarbeiten ausführen zu lassen.

Als das Mondlicht silbern in das kleine Turmzimmer drang, faßte der müde alte Dracula einen Entschluß von weitreichender Bedeutung. Er suchte ein Dracula-Zauberbuch aus dem Regal, rümpfte die Nase, weil das Buch so modrig roch, und schlug die

Seite 182 auf. Hier war zu lesen, wie man einen Dracula-Nachfolger herbeizaubern konnte, ein Wesen, das die Menschen nicht fürchten, sondern einfach liebgewinnen mußten. Dieser Dracula-Nachfolger war ein Hacula, ein besonders liebenswürdiges Zauberwesen, und der alte Dracula nannte den neugeschaffenen Hacula Albert und legte sich dann müde, doch sehr zufrieden ins Bett. Endlich hatte er die ganze Beißerei vom Halse!

Albert hatte grüne Haare, leuchtend blaue Augen, rote große Ohren und sah ansonsten wie ein Mensch aus. Zwar war er sehr klein, ungefähr nur zehn Zentimeter groß, doch dafür konnte er fliegen und beherrschte fünf Sprachen fließend, in drei anderen Sprachen konnte er sich einigermaßen verständigen.

Albert, der kleine Hacula, wollte der Welt beweisen, daß jetzt andere Nächte angebrochen waren, eben die Nächte des Hacula.

Er spezialisierte sich in seinem nächtlichen Wirken – auch Haculas sind nur nachts unterwegs und müssen tagsüber schlafen – darauf, Kindern Gutenachtgeschichten zu erzählen. Besonders gern tat er es bei den Kindern, die nicht einschlafen konnten. Er erzählte dann besonders lange Geschichten, und immer schliefen die Kinder dabei ein. Albert übernahm die Arbeit des Sandmännchens, das ohnehin völlig überlastet war.

Hacula Albert flog jede Nacht herum und kletterte in zahllose Kinderzimmer, um nach den Kindern zu sehen (geschlossene Fenster waren für ihn kein Hindernis, denn Haculas können durch Fensterscheiben gehen, ohne daß diese zerbrechen).

Albert wurde von allen Kindern geliebt und bei seinem Auftauchen in den Kinderzimmern stets begeistert begrüßt. Die Eltern konnten sich den Lärm in den Kinderzimmern nie erklären, was insofern verständlich war, weil Albert für Eltern unsichtbar war, und die Kinder verrieten den kleinen lustigen Hacula natürlich nicht.

So geistert im wahrsten Sinne des Wortes Hacula Albert Nacht für Nacht durch die Welt, zur Freude der Kinder, die ihn und seine Geschichten schon sehnsüchtig erwarten.

Im Juli möchte Albert Sommerferien machen. Doch was wird dann mit seinen Gutenachtgeschichten? Albert sprach darüber mit dem alten Dracula in dessen zerfallenem Schloß, und Dracula erklärte sich mürrisch bereit, für den Monat Juli einen anderen Hacula als Vertreter für Albert herbeizuzaubern. Dieser Hacula heißt Anton, sieht genauso aus wie Albert, jedoch hat er strahlend gelbe Augen.

Die Kinder finden auch Hacula Anton sehr nett, allerdings sind seine Gutenachtgeschichten nicht ganz so schön wie die von Albert. Dabei muß man natürlich bedenken, daß Anton als Neuling noch reichlich ungeübt im Geschichtenerzählen ist. Und ab August ist ja auch Albert aus dem Urlaub zurück und wird wieder als nächtlicher Geschichtenerzähler tätig sein.

TEE
Rot
ROT
Rot
Wunsch-
zettel
23
DE

Der arbeitsmüde Weihnachtsmann

Auch ein Weihnachtsmann wird nicht jünger. In diesem Jahr hatte sich der Weihnachtsmann eine Grippe zugezogen, lag hustend und mit Fieber im Bett und war voller Sorge, wie er in der knappen Zeit bis Weihnachten das Verpacken und Austragen der Geschenke schaffen sollte. Und im übrigen war er auch schon recht alt und wollte endlich in Pension gehen.

Was sollte er mit seinem Schlitten über vereiste Landstraßen fahren, wenn es doch längst eine gut funktionierende Postzustellung gab? Auch seinen beiden recht betagten Pferden, die den Schlitten zogen, mochte er die Hetzerei durch Schnee und Eis nicht mehr zumuten. Der Weihnachtsmann hatte eben auch ein Herz für Tiere.

Der Postminister, mit dem der Weihnachtsmann telefonierte, kreischte entsetzt auf. Es sei völlig unmöglich, in der hektischen Vorweihnachtszeit auch noch die Aufgaben des Weihnachtsmannes zu übernehmen, keuchte der Postminister empört.

Der Weihnachtsmann war ratlos und mißmutig. Was sollte er tun? Er kraulte nachdenklich seinen weißen Bart, doch brachte das auch keine Lösung des Problems.

Dann telefonierte er mit den sieben Zwergen. Die feierten aber gerade ein großes Fest, weil Schneewittchen in hohem Bogen das fatale Apfelstück ausgespuckt hatte und wieder zum Leben erwacht war, und die Zwerge wirkten ziemlich angetrunken. Dem Weihnachtsmann drang jedenfalls aus dem Zwergenhaus ein Höllenlärm entgegen, und einer der Zwerge versuchte dem Weihnachtsmann lautstark klarzumachen, daß er, der Weihnachtsmann, nun endlich die Ostereier auszutragen hätte. Dabei lachte der Zwerg meckernd und trank ganz offensichtlich fortwährend größere Mengen des Zwergenweins, von dem man sehr schnell betrunken wird. Der Weihnachtsmann legte entsetzt den Telefonhörer auf die Gabel. Mit den sieben Zwergen war also auch nicht zu rechnen; die würden noch einige Tage weiterfeiern, und dann war Weihnachten vorüber. Großer Gott, Weihnachten würde in diesem Jahr eine Katastrophe werden! Der Weihnachtsmann schloß in seinem weißen Himmelbett die Augen und schlief zunächst einmal tief und fest ein.

Als der Weihnachtsmann am nächsten Tag gerade schnaufend seinen Tee trank und mehrere Tabletten gegen seine Erkältung schluckte, kam ihm die rettende Idee: Sollten doch in diesem Jahr einfach die Eltern die Weihnachtsgeschenke für ihre Kinder kaufen.

Der Weihnachtsmann setzte sich wieder telefonisch mit dem Postminister in Verbindung, und dieser erklärte sich bereit, ein Rundschreiben des Weihnachtsmannes an alle Eltern zu versenden, aus dem hervorging, daß die Eltern in diesem Jahr selbst für die Weihnachtsgeschenke zu sorgen hätten.

Während der Weihnachtsmann zufrieden lächelnd in seinem weißen Himmelbett lag und in kleinen Schlucken herrlich heißen Tee schlürfte, rannten die Menschen umher und kauften Weihnachtsgeschenke.

Der Weihnachtsmann wurde natürlich wieder gesund, doch hatte er von nun an keine Lust mehr, zur Weihnachtszeit so viele Überstunden zu machen. Dafür war er nun wirklich schon zu alt.

Der Weihnachtsmann inserierte in zahlreichen Zeitungen und Zeitschriften, doch ließ sich kein Nachfolger finden. Alle Bewerber – es gab einige – schreckten vor der vielen Arbeit in der Weihnachtszeit zurück.

Seufzend erkannte der Weihnachtsmann: er war unersetzbar. Und eigentlich wollte er in Pension gehen. Der Weihnachtsmann raffte sich auf, verhandelte mit den Menschen und erreichte zumindest, daß er halbtags arbeiten konnte.

Und daher kommt es, daß auch jetzt zur Weihnachtszeit die Menschen hektisch mit dem Einkauf von Geschenken beschäftigt sind. Der Weihnachtsmann ist ja nur noch halbtags tätig... Dieser sitzt nachmittags in seinem großen weißen Haus in den Schneebergen vor einem knisternden Kaminfeuer, läßt sich hin und wieder von den sieben Zwergen etwas von dem guten Zwergenwein bringen, liest viel und wird eigentlich immer fauler und fauler. Und wenn da nicht die vielen Kinder wären, so würde er ja am liebsten ganz mit der Arbeiterei aufhören.